calma.

calma.

técnicas comprovadas para
ACABAR COM A ANSIEDADE AGORA

JILL P. WEBER, PhD

TRADUTOR
Luciane Gomide

TÍTULO ORIGINAL *Be calm.: proven techiniques to stop anxiety now*
Text © 2019 Callisto Media, Inc.
All rights reserved.
First published in English by Althea Press, an imprint of Callisto Media, Inc.
© 2021 VR Editora S.A.

Latitude é o selo de aperfeiçoamento pessoal da VR Editora

GERENTE EDITORIAL Marco Garcia
EDIÇÃO Marcia Alves
PREPARAÇÃO Juliana Bormio de Sousa
REVISÃO Isabel Ferrazoli
DESIGN DE CAPA E MIOLO Jamison Spittler
FOTOGRAFIA DA AUTORA Stacy Vaeth Photography
DIAGRAMAÇÃO Pamella Destefi

**Dados Internacionais de Catalogação na Publicação (CIP)
(Câmara Brasileira do Livro, SP, Brasil)**

Weber, Jill P.
Calma: técnicas comprovadas para acabar com a ansiedade
agora / Jill P. Weber ; tradução Luciane Gomide. – 1. ed. –
Cotia, SP: Latitude, 2021.

Título original: Be calm.
ISBN 978-65-89275-02-2

1. Ansiedade 2. Autoajuda 3. Bem-estar 4. Felicidade 5. Saúde
mental I. Título.

21-54854   CDD-158

Índices para catálogo sistemático:
1. Autoajuda : Felicidade: Psicologia aplicada 158
Aline Graziele Benitez – Bibliotecária – CRB-1/3129

Todos os direitos desta edição reservados a
VR EDITORA S.A.
Via das Magnolias, 327 – Sala 01 | Jardim Colibri
CEP 06713-270 | Cotia | SP
Tel.| Fax: (+55 11) 4702-9148
vreditoras.com.br | editoras@vreditoras.com.br

Sumário

Guia de início rápido vi

Capítulo um: A ansiedade está conduzindo sua vida? 1

Seção I: Emoções 12

Capítulo dois: Suas emoções 17

Capítulo três: Seu corpo e as sensações físicas 41

Capítulo quatro: Colocando as estratégias em prática 63

Seção II: Comportamento 76

Capítulo cinco: Evitação e fuga 81

Capítulo seis: Aceitação e aproximação 107

Capítulo sete: Colocando as estratégias em prática 129

Seção III: Pensamentos 140

Capítulo oito: Pensamentos *versus* realidade 145

Capítulo nove: Libertando-se dos pensamentos 173

Capítulo dez: Colocando as estratégias em prática 199

Seção IV: Mantenha o curso 214

Capítulo onze: O caminho à frente 217

Capítulo doze: Monte sua rede de apoio 227

Recursos de apoio no Brasil 237

Referências 239

Índice remissivo 241

Sobre a autora 247

Guia **rápido**

Este livro fornece uma variedade de estratégias e técnicas que se mostraram eficazes para reduzir a ansiedade e seus sintomas mais preocupantes. Qualquer uma que você escolher praticar o auxiliará a controlar a ansiedade de forma geral, mas eu as dividi aqui com base no tipo de sintoma a que visam. Este guia de início rápido o conduzirá ao conjunto de estratégias que vai ajudá-lo a lidar com crises agudas de ansiedade e com situações que possam levá-lo a essas crises.

Seção I: Emoções

Se estiver sentindo fortes sintomas emocionais ou físicos decorrentes de ansiedade, pule para as estratégias que começam na página 20:

- Raiva/irritabilidade
- Tristeza
- Desesperança/desespero
- Insônia
- Mudanças de humor
- Batimentos cardíacos acelerados
- Falta de ar
- Tontura
- Dor de estômago

Seção II: Comportamento

Vá para a página 84 se estiver se comportando de maneira que o desagrade ou que lhe traga problemas em virtude de sua ansiedade. A Seção II será útil se sua ansiedade o estiver levando a:

- evitar atividades de que gostava
- evitar algumas pessoas
- cancelar planos com frequência
- fingir estar doente para evitar eventos estressantes, como apresentações

- sentir-se incapaz de fazer coisas rotineiras, como dirigir ou ir a uma loja
- comportar-se de forma incomum em situações que podem causar ansiedade, como, por exemplo, você não se aproxima de seus amigos ou não fala com eles quando está em uma festa

Seção III: Pensamentos

A partir da página 147, você encontrará estratégias para ajudar a diminuir os pensamentos vagos ou que pouco podem ajudá-lo, mas que preocupam a mente quando se está ansioso. As estratégias focadas nos pensamentos o ajudarão se estiver passando por:

- preocupação crônica
- pensamentos repetitivos ou acelerados
- pensamento catastrófico (pior cenário)
- pensamentos autodestrutivos (por exemplo: "Eu sou

péssimo nisso, então também posso desistir".)

- crenças irracionais (por exemplo: "Se eu não voltar para verificar se o forno está ligado, minha casa vai pegar fogo".)

Bem-vindo

Todo mundo fica ansioso em algum momento! Como psicóloga clínica, trabalhei com clientes ansiosos nos últimos 15 anos. Alguns me procuram porque acreditam que seus sintomas de ansiedade podem melhorar. Outros iniciam a terapia com relutância, convencidos principalmente de que nada vai reduzir seus sintomas de pânico, seu comportamento de evitação ou suas preocupações. Aqueles que melhoram normalmente apresentam duas características em comum:

1. Uma parte, por menor que seja, acredita que pode melhorar.

2. Essas pessoas aprendem e colocam em prática estratégias eficazes para reduzir a ansiedade.

Abrir este livro e tê-lo lido até aqui já mostra que alguma parte de você acredita que seus sintomas de ansiedade podem melhorar. E se estiver disposto a se envolver com este conteúdo e pensar seriamente no impacto que a ansiedade tem em sua vida, isso significa que algo em você *quer* melhorar. Anime-se; você já tem tudo de que precisa para começar a gerenciar seus sintomas de ansiedade e viver uma vida mais feliz e gratificante.

Como usar este livro

A psicologia é uma ciência jovem e ainda há muitas coisas que não sabemos. No entanto, nós *realmente* sabemos como tratar a ansiedade. A maioria das pessoas que usar consistentemente as ferramentas psicológicas deste livro encontrará alívio. Meus clientes que utilizam esses métodos dizem que, embora ainda estejam cientes de seus pensamentos aflitivos, eles não têm mais o mesmo poder. Portanto, em vez de sentirem como se as ondas do oceano os estivessem puxando para baixo e precisassem lutar pela própria vida, eles percebem que podem flutuar – mesmo que em um mar tempestuoso. Eles enfrentam a tempestade usando as próprias ferramentas, sabendo que as ondas vão diminuir e o mar ficará calmo novamente.

As estratégias apresentadas neste livro são simples de usar. Todas elas se baseiam em evidências, o que significa que a pesquisa provou sua eficácia. Essas estratégias vêm da Terapia Cognitivo-Comportamental (TCC), da Terapia de Aceitação e Compromisso (em inglês, *Acceptance and Commitment Therapy – ACT*, pronunciada como a palavra inglesa act) e de práticas de atenção plena.

Você não precisa ler o livro do início ao fim para se sentir melhor. Provavelmente, você não experimentou todos os possíveis sintomas de ansiedade descritos aqui, então pode pular algumas seções, de acordo com o que está sentindo no momento. Embora este não seja um livro de atividades práticas, ele está cheio de estratégias e instruções de como implantá-las. Nos nove capítulos principais, você verá muitas vezes a seção "Aprofunde-se", que fornece sugestões de como levar as estratégias apresentadas para o próximo nível. (Você precisará ter à mão um caderno ou bloco de anotações para esses momentos.) As estratégias dessas seções são opcionais, mas são uma ótima maneira de potencializar seus resultados.

NOTA PARA OS LEITORES: *Os clientes citados nos exemplos usados ao longo do livro são fictícios, para proteger o anonimato.*

Primeiros passos

Mantenha um caderno à mão para anotar seus pensamentos sobre as estratégias à medida que as testa. Suas anotações o ajudarão a refletir sobre o que está aprendendo e sobre como suas novas habilidades podem ajudá-lo a lidar melhor com a ansiedade. Quanto mais praticar e escrever sobre as estratégias, mais rápido elas se tornarão respostas automáticas aos seus gatilhos de ansiedade.

Com seu caderno, pare um momento para pensar sobre sua rotina. Pense em como/quando deseja trabalhar neste material e como encaixá-lo em seu dia a dia. Para realmente se familiarizar com suas novas habilidades, a prática diária é o melhor caminho – mesmo que você se dedique apenas alguns minutos por dia. A questão é: pense um pouco sobre como você vai integrar este livro ao seu cotidiano.

Se estiver no meio de um surto agudo de ansiedade, sugiro que vá direto para a seção correspondente. Por exemplo, se está tomado por pensamentos preocupantes ou invasivos, comece com a seção III, "Pensamentos" (p. 40). Se a sua ansiedade está fazendo com que você evite eventos importantes ou pessoas, vá para a seção II, "Comportamento" (p. 76). Se está lutando com suas emoções ou com sua saúde física, comece pela seção I (p. 12).

Para alcançar paz de espírito e calma interior no longo prazo, considere dividir este material em pequenos passos que consiga cumprir, assim, uma hora terá trabalhado o livro todo em um ritmo que se adapte à sua vida.

CAPÍTULO UM

A ansiedade está conduzindo sua vida?

Por que lutamos contra a ansiedade

Deparar-se com uma cobra durante uma caminhada, ter uma arma apontada para a própria cabeça ou qualquer ameaça direta ao seu bem-estar desencadeará uma reação de luta ou fuga. Quando isso acontece, o sistema nervoso simpático libera uma cascata de hormônios, em particular a adrenalina e a epinefrina. Muito rapidamente esses hormônios do estresse causam uma série de mudanças no corpo, como o aumento da pressão arterial e da frequência cardíaca, dificuldade de digestão, visão em túnel, tremores e aumento da tensão muscular. Tudo isso o prepara para uma resposta física rápida para o perigo. Essas mudanças acontecem todas ao mesmo tempo, com o objetivo de criar um foco único: a *sobrevivência*.

Quando a ansiedade é apropriada – como no caso da cobra ou da arma –, essa resposta fisiológica é normal, porque nos prepara para responder à ameaça em potencial. Mesmo quando o perigo percebido *não traz* um risco de vida, a ansiedade ainda pode ser útil. Por exemplo, um aluno que precisa de determinada nota em uma prova para ser aprovado na faculdade de medicina. A ansiedade o motiva a estudar, fazer um curso pré-vestibular e gastar um tempo considerável com simulados. O medo do fracasso pode lhe dar energia e ajudá-lo a se concentrar no trabalho árduo que terá pela frente. Ou ainda uma pessoa dirigindo em uma rodovia movimentada que de repente tem a frequência cardíaca e o fluxo sanguíneo elevados ao avistar alguém freando bruscamente na pista ao lado. O aumento imediato da frequência cardíaca a prepara para a ação a fim de buscar segurança. Esses tipos de reação de ansiedade podem não salvar vidas, mas ajudam a nos adaptarmos às diversas situações e mantêm as coisas funcionando perfeitamente.

A ansiedade se torna um problema quando a resposta de luta ou fuga é desencadeada por sinais que não são ameaçadores, fisicamente ou não. Por exemplo, quem se preocupa obsessivamente com a saúde, embora os exames não mostrem nenhuma condição médica. Essa pessoa é incapaz de conviver bem com os demais ao seu redor porque está constantemente preocupada com o que pode lhe acontecer do ponto de vista médico. Ou imagine alguém que tenha medo de usar banheiros públicos e evita viagens de negócios para não ter de enfrentar esse medo. Se essas viagens forem necessárias para seu trabalho, sua carreira poderá ser limitada ou até mesmo acabar em virtude de um medo irracional.

A ansiedade não decorre apenas de uma reação exagerada ao que acontece ao nosso redor, mas pode ser desencadeada como resposta a algo que exista apenas em nossa mente. Isso acontece, por exemplo, quando antecipamos e nos preocupamos com cenários hipotéticos e ruins, os quais podem nunca acontecer. Pense em uma pessoa insegura e que se preocupa incansavelmente com a possibilidade de fazer algo errado e sentir vergonha por isso.

Dessa forma, seu círculo social se torna cada vez menor. Esses sujeitos podem deixar de participar de eventos sociais e até mesmo parar de se abrir com quem já conhecem há muito tempo.

Se você está lendo este livro, provavelmente luta contra a ansiedade de alguma forma, mas ainda pode ter dúvidas sobre se ela é ou não um problema para você, ou sobre sua gravidade. Existem algumas maneiras de avaliar se está lidando de fato com um problema de ansiedade ou apenas com os receios comuns que surgem na vida de vez em quando.

A ansiedade é *adaptativa* quando se trata de uma resposta a um risco momentâneo em nosso ambiente e *patológica* quando se torna um estado crônico de tensão, preocupação e/ou um comportamento de evitação, que impactam negativamente a vida.

A tabela a seguir descreve as diferenças entre o medo comum e a ansiedade patológica.

MEDO	ANSIEDADE
O medo é focado no presente e geralmente é racional, uma vez que se trata de uma resposta a uma situação ou a um evento ameaçador.	A ansiedade é focada no futuro e pode facilmente se tornar irracional, pois não está ligada a eventos reais, mas decorre da imaginação, que evoca continuamente cenários hipotéticos.
Você está aqui e agora. Há um incêndio em sua casa e você está tentando contê-lo. Assim que o fogo se apaga, seu medo diminui.	Você se sente preocupado e desconfortável, embora não esteja em perigo iminente. Não há uma ameaça clara nem uma forma de resolver a preocupação.
O medo vem de ameaças reais do mundo exterior, por exemplo, perda de emprego; diagnóstico médico; doença de um ente querido; ameaça de danos físicos; desejo de se sair bem em uma tarefa, como um discurso ou um exame; vontade de causar boa impressão em novos conhecidos.	Em geral, a ansiedade não é criada pelo mundo exterior, mas pela nossa mente. Você se preocupa com possibilidades que podem ou não acontecer, como: "E se não gostarem de mim?", "E se o avião cair?," "E se eu ficar preso no cinema?", "E se me detestarem?", "E se eu tiver um ataque de pânico?", "E se eu fizer papel de bobo?".

O que podemos fazer sobre isso

A Anxiety and Depression Association of America (ADAA) estima que 40 milhões de pessoas sofrem de transtornos de ansiedade, que são os problemas mais comuns que as levam à terapia. Graças a décadas de pesquisa, temos um bom conhecimento sobre como tratá-los. Na verdade, os sintomas da ansiedade respondem muito bem a tratamentos, que oferecem alívio duradouro aos que sofrem desse mal. Com este livro você terá acesso a algumas das ferramentas que utilizo em minha prática para ajudar as pessoas que lutam contra esses sintomas.

As técnicas apresentadas aqui foram tiradas principalmente de três intervenções cientificamente testadas e comprovadamente eficazes. Como psicóloga clínica e alguém que também luta contra a ansiedade, encontrei alívio usando essas abordagens, assim como meus clientes. E acredito que você também vai conseguir esse conforto.

A pesquisa e a experiência me mostraram que uma abordagem que combine analisar pensamentos, aceitar a ansiedade (não necessariamente gostar dela!) como parte de nossa vida e aprender a focar no aqui e agora é a chave para reduzir a ansiedade e viver uma vida mais tranquila.

Ter pensamentos ansiosos torna-se um ciclo que se autoperpetua e cria ainda mais ansiedade. Usaremos a terapia cognitivo-comportamental para examinar e mudar seus pensamentos. As estratégias da Terapia de Aceitação e Compromisso (TAC) irão ajudá-lo a mudar seu comportamento e, por fim, a viver uma vida que corresponda a seus valores e desejos principais, independentemente do seu humor ou de seus sintomas de ansiedade.

À medida que você conseguir aceitar que às vezes podemos sofrer, descobrirá que há mais espaço para se distanciar de sua batalha contra a ansiedade. Ao praticar as estratégias de atenção plena propostas nos capítulos desta obra, você se tornará cada vez mais capaz de trazer seus pensamentos de volta para o aqui e agora. Ao aprender maneiras de se observar e se distanciar, mesmo que ligeiramente, de sua ansiedade, você ficará menos tenso e terá mais alegria e prazer na vida.

Hábitos e neuroplasticidade

Lutar contra a ansiedade pode ser tão desanimador que chegamos a desistir de tentar. Assim como acontece com a altura ou cor dos olhos de uma pessoa, quem luta contra a ansiedade pode começar a acreditar que já nasceu ansiosa e não há nada que possa fazer a respeito. No entanto, a realidade é que as mudanças em nosso ambiente e o aprendizado de novas habilidades têm um impacto significativo na ansiedade e podem diminuir seus sintomas com o tempo.

A neurociência mostra que o crescimento neuronal e as mudanças estruturais no cérebro são resultado de novas experiências e também de como pensamos e nos comportamos. Por exemplo, vamos supor que você decida parar de fazer seu lanche antes de dormir. Talvez você esteja acostumado a comer batatas fritas ou biscoitos antes de dormir há anos e decida substituí-los por petiscos de vegetais. O plano é sólido e você está pronto para começar. Mas dificilmente terá sucesso se fizer isso apenas uma vez por semana ou a cada duas semanas. Em contrapartida, se aderir a esse novo hábito de forma consistente todas as noites durante a semana, ou na maioria das noites, seu cérebro se ajustará e o novo hábito ganhará força.

Quando você repete um novo comportamento por tempo

suficiente (disparando continuamente a mesma via neuronal), a nova experiência se torna uma parte do sistema do seu cérebro em nível químico. Esse fenômeno é denominado plasticidade neuronal ou, às vezes, plasticidade cerebral.

AUTOAVALIAÇÃO
Explore seu potencial de crescimento

Pessoas com sintomas e níveis de ansiedade semelhantes tiveram sucesso na luta contra a ansiedade em grande parte porque acreditaram que eram capazes. Faça uma autoanálise para descobrir se está enviando a si mesmo mensagens autodestrutivas, como, por exemplo, pensar que esforço algum poderá ajudá-lo a diminuir seu problema. Pensamentos como esse podem atrapalhar seu progresso.

Faça esta autoavaliação para descobrir o quanto acredita em sua própria capacidade de crescer e de ter a paz interior que merece e deseja. Se sua resposta para a maioria das perguntas for "sim", vamos nos empenhar para fazê-lo acreditar que é possível livrar-se da ansiedade.

1. Quando me dizem que pensar ou agir de determinada maneira vai ajudar na minha ansiedade, tendo a achar que nada pode ajudar ou que os outros não entendem o que acontece comigo.

2. Se tenho que trabalhar duro em algo, sinto que alguma coisa está errada comigo.

3. Quero continuar exatamente como estou, mas estou infeliz assim.

4. Não acredito que os aspectos de minha personalidade ansiosa que me incomodam possam mudar com aprendizado e novas experiências.

5. O que mais faço é sobreviver e aguardar o dia acabar e não o que eu realmente quero.

6. Prefiro ficar preso à ansiedade a aprender novas maneiras de lidar com a situação.

Conforme você for trabalhando as estratégias deste livro, provavelmente começará a acreditar em sua capacidade de evolução. Reveja esta avaliação de tempos em tempos para saber como sua crença em si mesmo tem melhorado. No futuro, ao olhar para trás, ficará surpreso e orgulhoso de seu crescimento.

EM RESUMO

- A ansiedade é uma resposta normal do corpo à ameaça.

- É possível adaptar-se ao medo de algo que está por vir.

- Imaginar situações hipotéticas que podem ou não acontecer é patológico.

- A ansiedade responde a tratamento; você pode e vai melhorar.

- O cérebro é capaz de crescer e transformar-se estruturalmente como resultado de novas experiências ao longo do tempo.

- Acreditar que diminuir a ansiedade está sob seu controle e que o trabalho duro valerá a pena faz toda a diferença. Você consegue!

SEÇÃO

I

emoções

O que você aprenderá nesta seção

Imagine um triângulo com as expressões "Emoções", "Comportamento" e "Pensamentos" distribuídas nos vértices. Elas representam os três principais caminhos para a mudança, que levam ao alívio de uma ampla gama de sintomas de ansiedade. Este livro também está dividido nessas três seções principais.

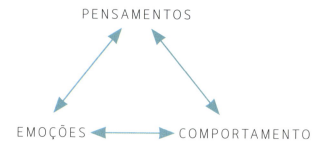

Uma mudança em um vértice do triângulo afetará os outros dois. Se você mudar suas emoções *– como aprender estratégias para diminuir o medo e a ansiedade em situações sociais –, provavelmente mudará seus* pensamentos *("Quando estiver menos ansioso, vou poder contribuir para a conversa e as pessoas vão gostar de mim") e seu* comportamento *(vai parar de evitar atividades sociais). Simplificando, se está tentando mudar algo em si mesmo, pode começar com qualquer vértice do triângulo.*

Nesta primeira seção, vamos examinar seus sintomas de ansiedade, tanto emocionais (tristeza, raiva, alterações de humor, desesperança), quanto físicos (falta de ar, palpitações, insônia). Você vai aprender a lidar melhor com suas emoções e a evitá-las ou afastá-las. Também vai ver como o estresse decorrente da ansiedade pode trazer efeitos colaterais físicos desagradáveis, como problemas de digestão, coração acelerado e dores de cabeça crônicas. Juntos, vamos descobrir o que se esconde por trás de sua ansiedade, que pode ser o fator mais importante quando a vida é afetada por ela.

CAPÍTULO DOIS

Suas emoções

Você está sufocando suas emoções?

Alguns anos atrás, fiz um teste genético para saber se eu tinha risco elevado de desenvolver certos tipos de câncer. Fiz por insistência do meu médico, que legitimamente promoveu a prevenção em vez do tratamento. Esse pensamento fazia sentido para mim, e, como não tenho histórico familiar de câncer, acreditei que teria a garantia da longevidade. Fiquei chocada quando me disseram que eu tinha 80% de risco de desenvolver câncer de mama. (O risco médio é de 12%.) Lembro-me claramente de ter pensado: "Isso não é verdade, o teste deve estar errado". Era muita informação para eu processar emocionalmente, então eu a afastei. Como resultado, fiquei obsessivamente focada em pensamentos negativos sobre outros aspectos da minha vida. Muitas noites não consegui dormir, sufocada por preocupações e dúvidas. Isso porque eu não estava reconhecendo minha profunda tristeza e pesar. Assim que comecei a entrar em contato com minha própria vulnerabilidade, ficou mais fácil controlar a ansiedade.

Quanto mais evitamos ou afastamos nossas emoções, mais ansiosos ficamos. Esse nosso hábito autodestrutivo, na verdade, piora a ansiedade com o passar do tempo, em parte porque reforça nossos pensamentos e comportamento ansiosos. Isso acontece porque, para manter a emoção indesejada sob controle, temos que evitá-la continuamente. Com o tempo, o trabalho para evitar tais emoções se torna gatilho para nossa ansiedade. Quando nós, apesar de todos os esforços, baixamos a guarda, mesmo que por um momento, essas emoções voltam à tona e novamente temos de afastá-las. Nesse carrossel de sentimentos, a emoção negativa original não é tratada e continuamos inquietos e hipervigilantes.

ESTRATÉGIA: ANÁLISE

Como você se sente agora?

À medida que você aprender a identificar melhor suas emoções, terá maior controle sobre elas. Isso significa que estará menos sujeito a reações emocionais intensas, como ataques de pânico, descontrole emocional, explosões, crises de choro e preocupações. Além disso, entender o que está sentindo o ajudará a resolver o problema real e a se sentir melhor. Quando estiver chateado ou ciente de que está ansioso, o quadro a seguir poderá auxiliá-lo a identificar as emoções mais profundas que podem estar por trás de sua ansiedade.

EMOÇÕES	SENSAÇÕES FÍSICAS	DESCREVA SUA EXPERIÊNCIA
AMOR	Corpo e músculos relaxados, sensação de paz e bem-estar	Sensação de conforto, segurança, conforto com o outro, paixão, desejo sexual
PRAZER	Hormônios de bem-estar são liberados, aumento de energia, ausência de dor física, animação	Prazer, alegria, vivacidade, contentamento, controle, sentimento de estar presente no momento, sem pensar no futuro ou no passado
RAIVA	Corpo tenso, mandíbula cerrada, músculos contraídos, aumento da temperatura corporal, sensação de pressão atrás dos olhos	Sentir-se tratado injustamente ou desrespeitado pelos outros ou pelo mundo como um todo, indignação, raiva, sentir-se desvalorizado
TRISTEZA	Desejo de permanecer quieto, sensação de letargia e falta de energia, dificuldade de mover o corpo	Perda, tristeza, desesperança, rejeição, sentimento de derrota ou de ser indesejado, sentir-se mal sobre si próprio
ANSIEDADE	Hormônios do estresse são liberados no cérebro, músculos tensos, inquietação, batimentos cardíacos acelerados, suor, falta de ar, dor de estômago	Preocupação ou medo, sentir-se ameaçado por algo no ambiente ou em um relacionamento (medo de perder um relacionamento), estar em alerta/vigilante/em modo de sobrevivência
CULPA	Dor de estômago, músculos doloridos, sentimento de que não consegue ficar fisicamente à vontade	Sentir-se uma pessoa "má", sentimento destrutivo, sentimento de que deveria ser punido
VERGONHA	Sensação de queimação no rosto, bochechas coradas, estômago revirado	Constrangimento, humilhação, sentir-se uma fraude, receio de que uma falha se torne pública

DESEJO INCITADO	SIGNIFICADO EVOLUTIVO
Desejo de estar com a pessoa, de se relacionar com o outro, de se certificar que o outro está bem	Laços de amor entre casais, filhos, famílias e tribos. É o que conecta as pessoas.
Desejo de sorrir, rir, de falar mais com os outros e revelar mais sobre você	O prazer é um tônico para emoções negativas e nos motiva a fazer certas coisas a fim de experimentar mais prazer.
Desejo de ser agressivo ou de prejudicar o outro, desejo de gritar ou de jogar algum objeto	A raiva induz o corpo a se proteger por meio da força física, da autoafirmação ou por imposição de limites.
Desejo de chorar ou de ficar quieto em um lugar, sentir-se desmotivado, mortificar-se pelo que fez para causar a perda	A tristeza é protetora na medida em que nos permite marcar o tempo enquanto o pesar e os problemas possam ser resolvidos.
Hipervigilância, repetição de eventos na mente, necessidade de prever eventos futuros, desejo de controlar as ameaças, de fugir ou de estar ocupado	A ansiedade dispara a adrenalina, colocando o corpo em alerta máximo, preparado para ação e proteção.
Desejo de fazer as pazes, de ser uma pessoa "melhor", de repreender a si mesmo	A culpa mantém as pessoas alinhadas com as leis e as normas sociais elaboradas para nos proteger.
Desejo de fugir da situação, de se tornar invisível e de se esconder	A vergonha expressa uma condição social em um grupo e mantém as pessoas de acordo com as expectativas do grupo.

ESTRATÉGIA: EXPRESSE-SE

Quando você sente emoções fortes, encontrar uma maneira de expressar esses sentimentos pode ajudá-lo a superá-los. Existem inúmeros benefícios em falar sobre nossos sentimentos com outra pessoa. Por exemplo, em minha profissão, é muito comum as pessoas começarem uma sessão de terapia aborrecidas ou ansiosas. Então, elas se permitem falar sobre seus sentimentos nos 50 minutos da sessão e no fim se sentem bem melhores. Muitos costumam dizer: "É muito fácil. Como apenas falar pode fazer tanta diferença?". Na verdade, o ato de falar, nomear e expressar os sentimentos move as informações emocionais do cérebro emocional para o lobo frontal, o que ajuda a nos compreender melhor e a ter mais o controle de nossas emoções, fazendo-nos também nos sentir melhor.

Escolha alguém com quem você possa conversar sobre seus sentimentos. Procure olhar a pessoa nos olhos enquanto fala de si mesmo, pois o contato visual cria uma conexão de suporte que acalmará ainda mais seu sistema nervoso.

É possível obter alívio emocional ao conversar com outras pessoas com quem se tem pouca intimidade ou contato, como um terapeuta ou um grupo de apoio. Até mesmo conversar *on-line* com alguém que você não conhece tão bem pode ajudá-lo a se sentir mais aceito e menos ansioso.

Expresse-se

Ao explorar a tabela de emoções e começar a falar sobre elas, anote aquelas que vêm à sua mente. Registre uma ou duas dessas emoções primárias. Este não é um teste de redação, então não se preocupe com o estilo do texto, a ortografia ou a pontuação. Basta responder a estas perguntas:

- Você se lembra de quantos anos tinha quando sentiu essa emoção pela primeira vez?
- Qual era a situação? É semelhante à situação pela qual está passando agora?
- Você contou o que estava sentindo para alguém?
- Alguém o confortou ou o ajudou a compreender seus sentimentos?

Observe se, agora, ao escrever sobre suas emoções, você consegue ter consolo por meio da autocompaixão e da autoaceitação. Diga a si mesmo: "Tudo bem sentir (sua emoção específica)". Analise se consegue acreditar que parte do problema se deve a nunca ter se permitido refletir e aceitar suas experiências emocionais mais profundas.

O que está por trás da ansiedade?

Quando não expressamos experiências negativas, elas se internalizam – tentamos resolver o problema em um vazio interno e, assim, pensamos demais e achamos que não podemos desligar a mente. Sem uma válvula de escape, todos os nossos pensamentos negativos e apocalípticos continuam rondando nossa cabeça.

Veja o exemplo de Zander, um paciente clássico em minha clínica de psicoterapia, que estava sofrendo com a morte de um ente querido. Em vez de expressar seus sentimentos e permitir-se ficar triste, ele suprimiu a dor. Aparentemente, Zander, de repente, estava obcecado pelos detalhes das despesas médicas desse familiar, pelo funeral e pelo que aconteceria, agora que havia falecido. Aos poucos, seu mundo se tornou cada vez menor. Ele sentia medo de sair de casa e passava a maior parte do tempo ruminando o que havia acontecido (trabalhando os eventos negativos, repetindo-os em sua mente continuamente).

Outro exemplo é Valentina, que, após o divórcio, bloqueou os sentimentos normais de raiva, perda e tristeza e concentrou-se obsessivamente em seu peso. Ela repassava em sua mente o que havia comido ou deixado de comer naquele dia, planejava a próxima refeição e imagina-se maior ou menor. Dessa forma, ocupava a cabeça para não confrontar a dor e a chateação do divórcio. A evitação, porém, apenas aumentou a perda que ela não havia experimentado por completo emocionalmente, e por isso ela se apegou ainda mais a seus padrões alimentares pouco saudáveis.

Se você é cronicamente ansioso, é provável que tenha o hábito de reprimir suas emoções negativas. Você pode até estar ciente de sua ansiedade, mas não quer explorar o que pode estar por trás dela ou levando a ela. Por mais desconfortável que seja, pode ser mais fácil controlar a ansiedade do que emoções mais ameaçadoras, como raiva ou tristeza, vergonha ou culpa. Vamos ver agora como exatamente começar a trabalhar isso.

ESTRATÉGIA: EXPLORE A RAIVA

Se você luta contra a ansiedade, no momento em que sentir um vestígio de raiva se formando, provavelmente ela dará as caras. A raiva é adaptativa, é a forma como a evolução nos motiva a nos proteger por meio de limites e da autoafirmação.

1. Tenha mais consciência de sua raiva. Observe quando seu corpo fica tenso, sua mandíbula se fecha ou sua frequência cardíaca aumenta. Em vez de ir para seu padrão automático do círculo vicioso da ansiedade, pergunte-se: "A que emoção estou resistindo agora?", "O que posso estar deixando de lado?" e "A raiva está presente?".

2. Tolere a presença da raiva por dez minutos, sem fazer nada, sem se distrair com preocupações e sem autocrítica.

3. Inspire e expire, simplesmente permitindo-se ter consciência da raiva.

> **NOTA:** *Tomar consciência da raiva não significa que você precisa reagir a ela. Uma cliente reconheceu que, ao começar*

a sentir raiva, sua mandíbula cerrava-se. Reconhecer esse sinal a ajudou a detectar essa emoção muito antes de se tornar intensa o suficiente para ser autodestrutiva.

ESTRATÉGIA: EXPLORE A TRISTEZA

Muitos de nós sentiremos primeiro outras emoções, inclusive raiva, em vez de aceitar de boa vontade a vulnerabilidade da tristeza. Essa curta meditação é uma maneira segura de sentir uma emoção desconfortável, convidando-a para ficar, em vez de se sentir oprimido por ela. Ao enfrentar a tristeza em seus próprios termos, você terá uma vantagem e começará a aprender que pode realmente tolerá-la e que, afinal, ela não é uma ameaça para você.

1. Sente-se confortavelmente ou deite-se de costas. Feche os olhos. Libere a tensão em seu corpo conforme inspira e expira.

2. Leve a tristeza para sua percepção consciente. Lembre-se de momentos em que se sentiu triste. Analise quando a tristeza esteve presente, mas foi esquecida e abandonada. Reveja seus relacionamentos, suas experiências, realizações e outras circunstâncias pelo ponto de vista da tristeza.

3. Agora, seja um observador gentil e curioso. Onde você identifica a tristeza em seu corpo? Sente dor de estômago, atrás dos olhos, uma sensação de fragilidade ou vulnerabilidade? Talvez tenha vontade de chorar ou de recuar. Talvez seu coração fique tenso ou agitado.

4. Fique atento se há pensamentos o tornando disperso. Gentilmente, volte a atenção para suas emoções tristes.

5. Você só precisa observar seu sofrimento e deixar de escondê-lo ou suprimi-lo. Repita para você mesmo: "Eu te vejo, tristeza. Eu entendo você. Estou ao seu lado".

6. Sinta a tristeza ao inspirar. Libere a tristeza ao expirar. Observe a sensação conforme ela surge e note como isso permite que ela se torne menos intensa.

Como você se sente sobre suas emoções?

Minimizamos nossas emoções mais reais e comuns dizendo a nós mesmos: "É ruim me sentir assim", "Minhas emoções negativas dizem que sou fraco", "O que há de errado comigo para me sentir assim?", "Estou sempre chateado, sou um perdedor" ou "Minhas emoções estão sempre fora de controle, nunca alguém me amará". Quando julgamos nossas emoções de forma negativa, duplicamos nossa dor emocional. Além da mágoa ou do aborrecimento original, nós nos sentimos inúteis apenas por ter determinado sentimento.

Afirmar para si mesmo que você é um perdedor por sentir algo que não pode evitar, mas sente mesmo assim, é um grande tormento. Veja, por exemplo, Tanisha, uma cliente da minha clínica. Quando Tanisha era dominada pela tristeza ou pela raiva ainda criança, seus pais não a levavam a sério, dizendo-lhe friamente para "superar" aquilo e que ela era "muito sensível". Assim, sempre que se sentia magoada, solitária, sufocada ou cheia de incertezas, ela dizia a si mesma: "Qual seu problema?", "Supere isso, ninguém se importa!" e "Por que você não pode ser legal e controlar seus sentimentos como todo mundo?". Já adulta, Tanisha havia criado camadas de emoções negativas não resolvidas que se manifestavam na forma de ataques de pânico esmagadores.

Não podemos eliminar a raiva e a tristeza, mas podemos controlar quão abertos e bondosos somos com nós mesmos ao experimentarmos esses sentimentos. As próximas estratégias foram elaboradas para ajudá-lo a deixar de lado o julgamento e permitir que seus sentimentos venham à tona.

ESTRATÉGIA: ANALISE SUA RAIVA

Ao mudar suas associações com a raiva, ou seus julgamentos, você consegue ficar à vontade com a emoção. Reserve um momento para analisar o que você associa à raiva – sejam memórias de infância, sejam experiências já de adulto.

Escreva em seu caderno quatro ou cinco palavras que você associa à raiva. Você sabe por que associa essas palavras à raiva? De onde vieram esses julgamentos? São ideias que você teve ao observar outras pessoas ou foram coisas que lhe disseram quando sentiu raiva? Suas associações com a raiva são negativas? Se sim, por quê?

Qual palavra é mais fortemente associada com a raiva para você? Agora, reflita sobre o oposto dessa palavra. Você entende que essa palavra oposta também pode ser associada à raiva?

Por exemplo, para muitos, a raiva traz à tona expressões como "fora de controle" e "destrutivo". Os opostos dessas expressões incluem "construtivo" ou "útil". Expressar raiva é *construtivo* e *útil* se feito de forma respeitosa, permitindo-nos definir limites e cuidar de nós mesmos.

ESTRATÉGIA: ANALISE SUA TRISTEZA

A tristeza surge devido a dor, rejeição, sentimento de fracasso, desprezo ou falta de amor. Em geral, cada uma dessas instâncias traz uma sensação de perda. Quanto mais tempo a tristeza permanece sem solução, mais ansioso você fica.

Não importa qual tenha sido sua perda, é sempre bom reconhecer a tristeza por ter perdido algo que lhe era muito estimado.

Lembre-se de três ou quatro ocasiões em que você afastou o sentimento de perda, tristeza, fracasso ou rejeição.

- Você foi honesto consigo mesmo ou com os outros sobre quão triste se sentiu?

- Em vez de se sentir triste, você entrou em um círculo vicioso de ansiedade?

- O que o impediu de ficar realmente triste?

- Que tipo de julgamento você pode ter feito sobre sua tristeza?

- Evitar a tristeza ajudou ou prejudicou você a longo prazo?

Abandone o julgamento (meditação curta)

É importante que você observe suas emoções sem ter de afastá-las imediatamente. Use esta curta meditação para ganhar perspectiva e espaço para suas emoções em constante mudança, momento a momento.

Sente-se em silêncio e confortavelmente. Feche os olhos. Torne-se consciente de sua respiração, observando o tórax subir e descer. Reconheça qualquer emoção ou sentimento que surgir em sua mente com seu analista interno.

Seu analista interno não julga. Seu analista interno não o pressiona para agir de acordo com suas emoções. Ele apenas observa o que você está experimentando.

Por exemplo, seu analista interno pode nomear suas emoções como: "sensação de aperto no peito", "ansioso", "preocupado" ou "calmo" e "à vontade". Se seu analista interno perceber que sua mente está fazendo julgamentos, simplesmente o nomeie como "julgando" ou "pensando". Note que, quando você observa e classifica, aquele sentimento se esvai e então você observa e nomeia a próxima emoção.

Nada daquilo que você observa é certo ou errado. Sua experiência emocional não precisa de nada além de calma e aceitação.

Rumo a emoções difíceis

Nossa cultura nos inunda com a ideia de que para ser feliz e ter sucesso não podemos experimentar sofrimento ou emoções dolorosas. Claro, todos nós sentimos emoções negativas às vezes e, quando isso acontece, nos sentimos derrotados. Com a sensação de que cometemos um erro terrível em algum momento ao longo do caminho (afinal, por que mais estaríamos nos sentindo tão mal?), fazemos o que acreditamos ser necessário para evitar, afastar ou, de alguma forma, "consertar" o transtorno.

Todos experimentamos emoções negativas, incluindo ansiedade. Ninguém está imune a isso. Mesmo quem não apresenta transtornos de ansiedade passa por momentos ansiosos; faz parte da vida. Promover a aceitação no campo emocional significa parar de lutar contra o sofrimento e a dor para se libertar, apesar disso. Significa também reconhecer e acreditar que experimentar emoções negativas é normal.

Aceitar situações e experiências não significa que você as deseja ou que está se resignando a uma vida inteira de dor emocional. A aceitação não quer dizer que é vítima da dor e que ela o controla. Não significa necessariamente que você gosta do que está experimentando. A ideia da aceitação nos diz mais ou menos que as coisas são como são.

A metáfora da algema de dedos chinesa usada na Terapia de Aceitação e Compromisso mostra claramente que lutar contra sentimentos difíceis apenas aumenta as emoções negativas. A algema de dedos chinesa é um pequeno tubo com uma abertura em cada extremidade, feito de material flexível e bastante usado em brincadeiras de crianças. Você coloca um dedo em cada extremidade do tubo, aperta e – *bum* – repentina e inesperadamente seus dedos ficam presos. Ao tentar se soltar, quem não conhece a brincadeira imediatamente tenta puxar os dedos para fora. Quanto mais forte puxam, mais apertado fica o tubo, trazendo receio e até um pouco de pânico. A solução: empurrar os dedos em direção ao centro do tubo. O tubo fica ligeiramente maior e então é fácil mexer os dedos para fora.

Quando continuamente nos afastamos e evitamos nossas experiências, sentimos cada vez mais medo do negativo. Com o tempo, deixamos de conhecer nossos sentimentos completamente. Mesmo experiências agradáveis como alegria são bloqueadas. Não estamos mais presentes, mas vivemos em um estado de sobrevivência, esperando o próximo trauma. Essa existência em estado de crise nos deixa com um ponto cego emocional. Afinal, se você estiver completamente focado em tirar a água de um barco que está afundando, talvez não note o colete salva-vidas ao seu lado. No meu caso, gastar tempo processando e, por fim, aceitando meu risco de câncer como uma realidade me levou à decisão de fazer uma mastectomia eletiva com reconstrução – um salva-vidas que eu não via ou nem mesmo considerava até aceitar a situação como realmente era.

Nossas emoções fornecem informações e orientações valiosas. Elas nos dizem o que queremos e não queremos da vida, como nos sentimos em relação às pessoas próximas e o que precisamos trabalhar em nós mesmos. A aceitação nos permite participar do jogo da vida com todas as cartas em mãos.

Compreendendo o que aprendemos desde cedo

A maioria de nós aprende a lidar com os sentimentos durante toda a vida. Nós nos modelamos com base no que nossos pais fizeram, no que eles nos disseram sobre como lidar com os sentimentos negativos ou em como eles interagiram conosco quando estávamos chateados. Essas mensagens podem ser reproduzidas por toda a vida e não devem ser contestadas. Por exemplo, Juan, um cliente com quem trabalhei, descobriu que, sempre que ficava chateado, seus pais diziam que estava tudo bem e que não deveria se preocupar. Embora bem-intencionados, isso só o aborrecia, pois ele não conseguia falar sobre o que o estava incomodando, para que pudesse resolver o problema e encontrar um verdadeiro alívio.

Reserve um tempo para pensar no que pode ser útil ou não a respeito do que aprendeu sobre como controlar suas emoções desde a infância. Depois, no seu caderno, escreva sobre qualquer uma ou todas essas lembranças que ainda ecoam em você.

- Seus pais ou responsáveis expressavam emoções? Eles choravam ou ficavam com raiva? Ou eles pareciam ter um controle rígido sobre as próprias emoções e raramente expressavam frustração ou tristeza?

- Para você, é preciso estar no controle das emoções o tempo todo ou você se sente completamente sem controle e, por isso, tenta reprimi-las o máximo possível?

- Você consegue se lembrar de alguma vez em que seus pais, responsáveis ou professores lhe disseram que você é "muito sensível", "muito carente" ou "muito emocional"?

- Sua família, pais ou responsáveis já o descreveram como muito independente/maduro quando criança? Você sempre ouvia a expressão "boa menina" ou "bom menino"? Você sentia que não podia agir como criança perto deles? Acha que seu espaço para ser você mesmo emocionalmente era limitado?

- Rememore suas lembranças de alegria e felicidade em sua casa durante seu crescimento. Você se lembra de seus pais ou responsáveis rindo um com o outro? Eles notavam e nomeavam sua felicidade? Ou a alegria foi reprimida?

- Quando algo desagradável lhe acontecia quando criança, você sentia que podia conversar abertamente com seus pais ou responsáveis? Ou achava que eles o julgariam ou o pressionariam demais para "consertar" a situação de alguma maneira? Você se confidenciava com eles?

Identifique a ligação entre o suporte emocional que recebeu na infância e a forma como aceita suas experiências emocionais hoje. Comece mudando a maneira como você se ampara emocionalmente para que possa aceitar mais incondicionalmente tudo o que sente.

ESTRATÉGIA: PRATIQUE A ACEITAÇÃO

Embora possa ser difícil aceitar emoções dolorosas – nem evitá-las ou afastá-las –, as consequências de *não* fazê-lo são piores que a dor de enfrentar tudo o que realmente sentimos. Relembre vários episódios em sua vida em que não aceitar seus sentimentos apenas lhe causou mais emoções negativas ou não o levou a lugar algum.

Ao refletir sobre esses episódios, seja honesto consigo mesmo e reconheça o sentimento n° 1 que você tende a evitar e traz mais consequências para você – tristeza, raiva, ansiedade, culpa, vergonha, frustração, alegria.

Considere os resultados de evitar essa emoção. Sua ansiedade aumentou? Você gastou muita energia emocional em vão? Ou evitar essa emoção bloqueou a alegria e o contentamento?

ESTRATÉGIA: ENFRENTE AS EMOÇÕES DIFÍCEIS

É provável que você tenha evitado emoções negativas porque tem medo de senti-las ou não sabe senti-las. Aqui está uma estratégia para fazer isso que leva apenas dez minutos:

1. Programe dez minutos em um cronômetro. Traga à sua percepção consciente uma emoção que você tende a evitar ou suprimir. Tente evocá-la para senti-la agora.

2. Observe em que local do corpo você sente a perturbação ou o desconforto. Reconheça essa sensação. Tente visualizá-la literalmente conforme a experimenta em seu corpo. Em vez de lutar contra esse sentimento, dê-lhe as boas-vindas.

3. Sussurre em voz alta: "Bem-vindo, estou feliz por você estar aqui". Tente observar a sensação, quase como se estivesse olhando para algo físico separado de você.

4. Observe-se internamente: "Percebo uma sensação de _____ me dominando". Diga a si mesmo: "Estou abrindo espaço para você" ou "Posso sentir isso e ainda assim ficar bem".

5. Observe sua ansiedade à medida que se permite enfrentar um sentimento que sempre evitou. É normal sentir ansiedade, uma vez que você tem medo dessa emoção, mas estou pedindo que a sinta. Você pode ter medo e ainda assim atrair essa emoção. Mostre a si mesmo que pode experimentar esse sentimento e continuar bem.

Quando acabar o tempo, siga em frente e deixe a experiência ir embora.

SUAS EMOÇÕES 37

EM RESUMO

- Todas as emoções são uma parte normal (e útil) da experiência humana.

- Afastar os sentimentos negativos aumenta o pensamento ansioso.

- Identificar regularmente seus sentimentos diminuirá a ansiedade.

- Expressar seus sentimentos diminuirá a ansiedade.

- Aceitar seu mundo emocional diminuirá a ansiedade.

- Você pode experimentar sentimentos negativos e ainda se sentir bem.

CAPÍTULO TRÊS

Seu corpo e as sensações físicas

A ansiedade e o corpo

Cole lutava contra sintomas físicos debilitantes, como falta de apetite, frequência cardíaca elevada, falta de concentração, sensação de tensão interna e insônia com pensamentos acelerados. Ele só conseguia falar sobre esses sintomas angustiantes porque eram muito enervantes. Compreensivelmente, Cole sentia que seu corpo o estava traindo e que nenhum trabalho para diminuir a ansiedade resolveria a situação.

Em geral, a ansiedade se manifesta por meio de sintomas físicos. Em algum momento, às vezes depois de anos experimentando tais sintomas, o bloqueio é rompido e o corpo não é mais ignorado. Para Cole, isso significou batimentos cardíacos tão acelerados que chegava a ficar zonzo e desmaiar. Outras pessoas podem reagir de maneiras diferentes, como, por exemplo, sucumbindo à exaustão aguda, sendo impedidas de dirigir devido a fortes espasmos nas costas ou perdendo a concentração em virtude de dores de cabeça persistentes. Para sintomas como esses, o tratamento da ansiedade começa depois que causas médicas são excluídas.

Quando recebo clientes como Cole em meu consultório, eles geralmente se surpreendem com o fato de que "todos os seus sintomas" são reflexo da ansiedade. Por exemplo, Cole acreditou por muito tempo que talvez a verdadeira fonte de seu sofrimento fosse uma doença física específica.

A ansiedade afeta o cérebro, e o cérebro afeta a ansiedade. Em outras palavras, as emoções influenciam nossas funções físicas, e nossas funções físicas influenciam nossos estados emocionais. Melhorar nossas funções físicas gerais e nossa consciência corporal pode fazer toda a diferença. Cole ficou mais à vontade ao aprender a observar suas sensações físicas e a cuidar melhor de si mesmo.

ESTRATÉGIA: OBSERVE SEU CORPO

A ansiedade habita seu corpo. O truque é começar a se atentar para reconhecer mais rapidamente os sinais físicos. O objetivo deste exercício é conscientizar-se sobre em que parte do corpo você carrega sua ansiedade.

1. Escolha uma posição ou postura confortável para você – deitado ou sentado, de olhos abertos ou fechados. Ao fazer isso, deixe de lado o julgamento. Você está simplesmente se observando no aqui e agora.

2. Cada vez que expirar, sinta seu corpo relaxar enquanto libera a tensão. Reconheça quando sua atenção muda e gentilmente a direcione de volta para a consciência corporal.

3. Um por um, concentre-se em cada segmento do seu corpo, abrindo-se para tudo o que estiver presente naquele momento. Dê nome às partes do corpo e se imagine respirando por elas. Observe as áreas de tensão, esforço, dor ou alívio: cabeça... pescoço... ombros... braços... mãos... peito... costas... estômago... coxas... panturrilhas... pés...

Ao terminar o exercício, anote mentalmente onde a ansiedade tende a se concentrar no seu corpo para que você possa ficar atento a esse ponto mais rapidamente.

ESTRATÉGIA: RELAXAMENTO MUSCULAR PROGRESSIVO

Quando perceber que está mais ansioso e o corpo tenso, reserve de 5 a 10 minutos para um relaxamento muscular progressivo. Essa estratégia também ajudar a dormir melhor à noite ou a diminuir o ritmo e relaxar antes de dormir.

Deite-se ou sente-se confortavelmente. Uma por vez, tensione cada área do corpo (rosto, ombros, mãos, braços, estômago, nádegas, pernas, pés) enquanto inspira contando até 5 e, em seguida, solte o músculo enquanto expira contando até 5. Ao fazer isso, preste muita atenção à oposição entre a tensão muscular e o relaxamento muscular.

Repita esse exercício algumas vezes. Observe seu corpo se soltar e gradualmente ficar mais à vontade.

Sintomas físicos da ansiedade

O sistema de estresse do corpo, combinado com a hereditariedade e as experiências que temos ao longo da vida, pode definir o cenário para uma variedade de condições médicas crônicas. A frequente exposição ao estresse por meio de trauma psicológico, tristeza e perda, mudanças na vida, preocupação constante e perfeccionismo crônico pode paralisar o sistema adrenal. As glândulas suprarrenais se esforçam muito para controlar o estresse contínuo e, por fim, cedem e param de trabalhar. Como resultado, tem-se uma montanha-russa de picos de ansiedade seguidos de exaustão. A exaustão pode levar a uma variedade de diagnósticos médicos.

A ansiedade também está associada à liberação de hormônios do estresse e outras substâncias químicas que, com o tempo, podem piorar certas condições médicas. Por exemplo, pesquisas mostram que o estresse e a dor crônica estão provavelmente ligados à mesma via neuronal. A dor nervosa aumenta a expressão do neurotransmissor PACAP (polipeptídeo ativador da adenilato-ciclase pituitária, em português), que é o mesmo neurotransmissor que o cérebro libera em reação ao estresse. Em outras palavras, o estresse pode causar e/ou piorar os sintomas físicos de dor.

A resposta biológica do corpo ao estresse também pode impactar significativamente os sistemas cardiovascular, digestivo, respiratório e endócrino. Em uma grande meta-análise com mais de 20 estudos e cerca de 250 mil indivíduos, pesquisadores descobriram que a ansiedade estava associada a um aumento de 26% no risco de doença cardíaca coronária e de 48% no risco de morte devido a uma complicação cardíaca.

O estômago e o intestino são afetados diretamente pela resposta de luta ou fuga do corpo. Com o tempo, os nervos que controlam a digestão podem se tornar reativos, causando desconforto abdominal repentino, como intestino irritável e estômago embrulhado. Embora os sintomas não ofereçam risco de vida, eles afetam significativamente a qualidade de vida e podem ser muito difíceis de controlar. Além disso, as pessoas são mais vulneráveis a úlceras estomacais quando o hormônio do estresse cortisol é liberado de maneira crônica.

Em geral, a ansiedade é comum em pessoas com doenças respiratórias, particularmente asma e Doença Pulmonar Obstrutiva Crônica (DPOC). O medo e a preocupação afetam a respiração, tornando essas doenças ainda mais angustiantes. A reação de estresse devido à ansiedade também está ligada a enxaquecas, artrite reumatoide, hipertireoidismo, diabetes e doenças autoimunes.

Infelizmente, a ansiedade muitas vezes não é considerada um fator significativo no tratamento desses sintomas difíceis e, geralmente, debilitantes. Se a ansiedade for esquecida, os sintomas médicos podem piorar. Saber quais dos seus sintomas estão relacionados à ansiedade e controlá-los melhorará seu funcionamento físico geral e bem-estar psicológico.

ESTRATÉGIA: QUE HISTÓRIAS VOCÊ ESTÁ CONTANDO A SI MESMO?

Existe uma interação de vaivém entre ansiedade e condições médicas. O que você conta a si mesmo sobre seu(s) sintoma(s) médico(s) e como ele(s) o afeta(m) fisicamente é o que vamos focar aqui. Comecemos com um exemplo.

Minha cliente Sierra sofria de episódios desconfortáveis de Doença do Refluxo Gastroesofágico (DRGE). Os sintomas eram tão dolorosos que ela frequentemente se distraía do trabalho e das responsabilidades familiares. Tinha de dormir sentada à noite e, por isso, dormia mal; apesar da medicação, sentia uma contínua queimação no peito. Na época em que Sierra começou a terapia, ela havia consultado vários gastroenterologistas sem sucesso. Quando conversei com ela sobre a relação entre estresse, ansiedade e condições médicas, Sierra ficou enfurecida e achou que eu estava minimizando sua doença física real. Depois de conversar, ela compreendeu a situação, embora não acreditasse que pudesse ter alívio de seus sintomas de DRGE com outra coisa que não fosse ajuda médica.

Nós perseveramos. Ela começou a praticar a atenção plena, mudou a dieta e estudou a relação entre o estresse e a saúde física. Por fim, ela percebeu que sua condição, embora real e dolorosa, muitas vezes irrompia depois de um evento estressante. Ciente disso, ela desenvolveu estratégias para reduzir o estresse sempre que sua ansiedade fosse desencadeada. Ela ainda sofre com DRGE, mas a intensidade dos sintomas foi reduzida pela metade e, assim, eles têm menos impacto em sua vida.

Ter consciência de sua capacidade de gerenciar e controlar sua condição médica faz diferença. Administrar melhor a ansiedade e o estresse não os eliminará, mas melhorará sua qualidade de vida. Reflita sobre as afirmações a seguir e repita-as em voz alta várias vezes. Quanto mais você as repetir, menos se sentirá à mercê de seus sintomas físicos.

- Acredito que tenho algum controle sobre meus sintomas físicos.

- Acredito que, se meus sintomas físicos melhorassem, seria em parte devido às estratégias de redução da ansiedade.

- A maneira como encaro meu estado físico afeta meus sintomas.

- Atividade física provavelmente melhorará meus sintomas físicos.

- Minha qualidade de vida atual pode melhorar.

- Meu diagnóstico médico (ou sintoma físico) não está totalmente fora de meu controle; devo insistir para ter uma vida menos ansiosa.

- Estratégias para aliviar o estresse e cuidar bem do meu corpo físico ajudarão a me sentir melhor fisicamente.

Trabalhar para acreditar nessas declarações irá motivá-lo a ter autocuidado em relação a sua saúde.

Com o que mais você poderia ocupar seus pensamentos?

O pensamento obsessivo é uma forma de evitar ter de enfrentar emoções mais profundas. Talvez tenhamos medo de não conseguir controlar as emoções dolorosas ou de que elas nos dominem.

Um cliente, Jack, me disse que, se não pensasse com regularidade sobre sua condição médica, poderia começar a sentir intensamente desamparo e vulnerabilidade. Ele se sentia inútil e impotente se não se preocupasse com sua saúde. Concentrar-se no próprio corpo e em cuidados médicos era para ele uma forma de não se sentir vítima; uma forma de assumir o comando. Com esse pensamento obsessivo, ele sentia que estava *fazendo* alguma coisa. Para ele, era difícil vivenciar e expressar essa situação, mas, uma vez que Jack entendeu seu medo real, pudemos trabalhar produtivamente para ajudá-lo a se sentir menos vulnerável. Para isso, tivemos de fazer um trabalho de analisar o que ele *poderia* controlar sobre seu diagnóstico médico e, em seguida, usar estratégias de aceitação para lidar com o restante.

Jack tornou-se mais autoconsciente, notando quando sua ansiedade era desencadeada. Ele trabalhou mais para identificar rapidamente a fonte de seus pensamentos ansiosos.

Praticou a atenção plena todos os dias, começou a fazer atividade física regularmente, optou por uma dieta saudável e trabalhou a respiração e o pensamento positivo. O restante ele entregou à sua equipe médica e ao universo.

Reserve alguns minutos para refletir sobre a pergunta seguinte e registre em seu caderno:

Se você não ocupasse sua mente consciente com sua condição médica ou sintomas físicos, as causas, as preocupações, os "e se" e os medos que vêm junto, no que poderia estar pensando?

Explore o que você pode estar evitando ou perdendo ao manter um pensamento obsessivo. Então, observe se consegue falar sobre essas emoções mais profundas e encontre uma maneira de aceitá-las. Lembre-se de que aceitação não é submissão, mas uma maneira de tomar medidas diferentes das que já tentou para se proteger.

ESTRATÉGIA: CUIDE DA SUA CONDIÇÃO MÉDICA

É importante saber exatamente qual é a sua situação médica, caso contrário, a mente estará livre para imaginar todos os tipos de cenários alarmantes. E a intervenção médica apropriada é essencial. Se você ainda não fez isso, marque uma consulta com um médico que aborde a saúde tanto física quanto emocionalmente. Conte a ele seus sintomas físicos e também sua luta contra a ansiedade. Peça-lhe exames de sangue e também um exame completo da tireoide.

Alterações na tireoide afetam a ansiedade e precisam de medicação apropriada. Além disso, certifique-se de que o médico peça seu nível de vitamina D. A deficiência de vitamina D pode afetar o humor e o nível de energia. Depois de conversar sobre os resultados de seus exames com ele, desenhe três colunas em seu caderno:

1. Seu(s) problema(s) médico(s) específico(s)
   Exemplo: Pressão arterial alta.

2. Forma de lidar com essa condição clinicamente
   Exemplo: Tomar medicamentos para hipertensão.

3. Forma de lidar com isso em termos de intervenção de ansiedade
   Exemplo: Ficar atento aos gatilhos de ansiedade; praticar respiração consciente 15 minutos por dia; fazer atividade física quatro vezes por semana; manter o pensamento positivo ("Administrar melhor minha ansiedade ajudará em minha saúde física").

A conexão mente-corpo

Recorde a última vez em que ficou de fato assustado. Quando isso aconteceu, você provavelmente sentiu a frequência cardíaca aumentar, a respiração mudar ou ainda transpirou, ficou trêmulo ou nervoso. Esses sintomas físicos podem ter reforçado seus pensamentos originais de medo. A mente e o corpo se comunicam constantemente. Se sua mente está repleta de uma sensação de paz emocional, você está muito mais bem equipado para lidar com desafios médicos/físicos.

A conexão mente-corpo é poderosa e seus sintomas de ansiedade provavelmente irão melhorar, ou até mesmo desaparecer, se você simplesmente cuidar de si mesmo de maneira consistente e adequada. Sono adequado, atividades físicas e hábitos alimentares em geral ajudam rapidamente nos sintomas de ansiedade.

ESTRATÉGIA: CRIE UMA ROTINA DE SONO

O sono é regenerativo em todos os aspectos: humor, funcionamento cognitivo, energia e saúde. Infelizmente, quando estamos ansiosos, não colhemos esses benefícios porque essa condição muitas vezes interfere no sono. Quem luta contra a ansiedade acorda com preocupações à noite, não consegue dormir ou acorda muito cedo.

Criar uma rotina de sono à noite dá dicas para o cérebro. Quando praticadas regularmente, as dicas nos lembram de que é hora de começar a relaxar. O segredo é seguir a rotina de forma consistente para o cérebro se acostumar com as dicas. Provavelmente, você terá apenas de iniciar sua rotina de sono para se sentir mais à vontade e até sonolento.

Muitas pessoas esperam passar do estado de alerta para o sono sem desacelerar. Mas existe um passo intermediário: relaxamento. Veja o exemplo de uma boa rotina noturna que o ajudará a entrar em um estado de sono relaxado. Procure desenvolver sua própria rotina ou use nossa sugestão no dia a dia.

Uma hora antes de dormir (de preferência, no mesmo horário todas as noites), comece sua rotina.

- Desconecte-se de tudo. Deixe o celular, *tablet* ou computador longe do quarto.

- Tome um banho quente ou uma ducha.

- Vista roupas de dormir.

- Tome uma bebida descafeinada quente, como chá de camomila.

- Faça um exercício de relaxamento: medite focando na respiração profunda, visualize imagens relaxantes, pratique o relaxamento muscular progressivo.

- Deite-se confortavelmente e leia uma ficção ou algo leve.

- Apague as luzes quando sentir sono e seus olhos começarem a fechar.

- Se não consegue dormir, não tenha pensamentos como: "Por que não consigo dormir?!". Diga a si mesmo: "Tudo bem se eu não dormir, pelo menos estou descansando". Se continuar

52 CALMA

desperto, tente o relaxamento muscular progressivo com as luzes apagadas.

- Não se preocupe com a hora. O objetivo é relaxar, mesmo que você não consiga dormir.

- Acorde na mesma hora todas as manhãs.

- Se você não dormiu bem na noite anterior, *não* tirou uma soneca ou não foi para a cama cedo, mantenha a rotina mesmo assim.

OBSERVAÇÃO IMPORTANTE: *A preocupação costuma aparecer à noite porque estivemos ocupados durante o dia e não conseguimos nos conectar emocionalmente com nós mesmos, então tudo em que pensamos vem à tona depois que as luzes se apagam. Para neutralizar isso, reserve 30 minutos todos os dias para o que chamo de "tempo total de preocupação". Pegue seu caderno e escreva nele todas as suas preocupações: pense em como você está se sentindo, o que precisa ser feito e o que o preocupa quanto aos dias ou semanas que virão. Então, quando as luzes estiverem apagadas, seu cérebro não terá que lembrá-lo de tudo em que não pensou antes.*

ESTRATÉGIA: FAÇA ATIVIDADE FÍSICA

A energia ansiosa precisa ser liberada ou continuará a correr solta. Adicionar atividade física regular em sua vida vai valer a pena. Apenas 30 minutos de exercícios aeróbicos 5 vezes por semana ajudará a diminuir seu estresse, aumentar sua autoestima, melhorar seu sono e melhorar suas funções físicas e emocionais. Sentir-se bem consigo mesmo aumenta sua probabilidade de enfrentar bem a situação, porque fará você acreditar em sua capacidade de fazê-lo.

A atividade física também aumenta o nível de endorfina, o analgésico natural do corpo, e diminui o cortisol, o hormônio do estresse. Vale a pena! E se 30 minutos parecerem muito tempo, saiba que pesquisas mostram que mesmo uma caminhada vigorosa de 20 minutos já ajuda nas funções cognitivas e no humor.

Estabeleça uma meta de exercício realista. Escolha algo de que você goste para não desistir. Por exemplo, caminhe todos os dias por 15 a 20 minutos. Depois de duas semanas, aumente o tempo ou a intensidade, por exemplo, fazendo uma corrida leve. Certifique-se de verificar com seu médico se os exercícios são seguros para sua condição física.

Anote agora qual é sua meta de atividade física – nenhuma meta é pequena; qualquer atividade física é melhor do que nada. Cada vez que você se exercita, seu humor melhora e sua ansiedade diminui, então considere fazer algo todos os dias.

Se sentir uma ansiedade aguda, recorra à "solução de 10 minutos". Se você está ansioso, mas se exercita vigorosamente por 10 minutos – uma caminhada rápida, corrida, pular na cama elástica, polichinelos –, ela diminuirá quase imediatamente. Carregar objetos pesados ou levantar pesos por um curto período também pode aliviar a ansiedade e a tensão. Endorfinas são liberadas e você se sentirá naturalmente à vontade. O efeito vai passando, mas a solução de 10 minutos é um golpe rápido para a ansiedade.

ESTRATÉGIA: ALIMENTE-SE BEM

Comece a ver a comida não apenas como um dos grandes prazeres da vida, mas também como um meio natural de melhorar sua função emocional. O objetivo é fazer uma alimentação variada com muitas frutas e vegetais. Tire da despensa os alimentos processados e o açúcar. Adicionar variedade de nutrientes e diminuir o açúcar ajuda o corpo a regular os níveis de insulina e de hormônios que afetam diretamente o humor, a ansiedade e a energia.

Algumas dicas sobre dieta e ansiedade:

Água: Nosso corpo precisa de água para funcionar e, se não estiver funcionando bem, o humor será afetado. Certifique-se de beber de 8 a 10 copos de água por dia. Quando estiver em um surto agudo de ansiedade, tome um copo grande de água gelada. Isso mudará rapidamente sua fisiologia, desviará a atenção do cérebro para a sensação de frio e reduzirá sua ansiedade.

Cafeína: É impressionante a quantidade de pessoas que lutam contra a ansiedade e consomem bebidas com cafeína.

Não se engane: A cafeína aumenta a ansiedade. Diminuir ou eliminar a cafeína e outros estimulantes de sua dieta ajudará imediatamente na intensidade de sua ansiedade. Considere eliminar toda a cafeína, mas, se for muito difícil, reduza pela metade e comece a diminuir a partir daí.

Nicotina e álcool: Tanto a nicotina quanto o álcool têm efeitos recompensadores de curto prazo no cérebro, mas aumentam a ansiedade no longo prazo. Se você bebe ou fuma regularmente, faça uma pausa e observe como se sente. Para algumas pessoas, essa mudança por si só já alivia a ansiedade.

Nutrientes: Se você tiver alguma deficiência de vitaminas (verifique com seu médico), pode se beneficiar com suplementos específicos, como vitamina D ou um multivitamínico diário.

Metas para atividade física e sono (programa de 1 semana)

A fim de causar um impacto de longo prazo em sua ansiedade e dar um impulso emocional em sua vida, considere focar seus objetivos esta semana em atividades físicas regulares e no controle do sono.

Pense numa forma de se exercitar por 30 minutos todos os dias desta semana. Não precisa necessariamente ser sempre no mesmo horário, mas lembre-se: a consistência torna mais fácil seguir uma rotina. Cuidar de si mesmo deve ser prioridade em sua vida, então talvez tenha de desistir ou deixar de lado algo que seja importante para você.

Faça exercícios aeróbicos por pelo menos 30 minutos todos os dias. Corra, faça uma caminhada rápida, pedale, pratique um esporte mais intenso (futebol, basquete, pega-pega com seus filhos) ou faça uma aula de ginástica. Obrigue-se a fazer algum tipo de atividade todos os dias, não importa o que esteja acontecendo em sua vida. Mesmo quando não quiser, lembre-se de que pouca coisa na vida compensa tanto quanto investir em atividades físicas. Você vai melhorar a saúde física, a saúde emocional e provavelmente terá uma vida mais longa e mais plena – simplesmente dedicando-se 30 minutos por dia. Bônus: a liberação de endorfinas e de outros hormônios compensadores o ajudará a se sentir bem consigo mesmo.

Como vimos, ter um bom controle do sono é talvez a maneira mais impactante de melhorar o humor e a ansiedade. Uma rotina noturna de relaxamento acalma o cérebro e o faz entrar no modo de espera. Torne isso uma meta definindo, primeiro, uma hora fixa de dormir. Identifique quais técnicas de auxílio ao sono discutidas anteriormente você incorporará ao seu hábito para desacelerar. É essencial praticar essa rotina de forma consistente e aproximadamente no mesmo horário todas as noites.

Depois de uma semana, anote como você se sente física e emocionalmente em comparação com a semana anterior. Está se sentindo mais confiante sobre sua capacidade de lidar com a situação? Experimentou um pouco menos de tensão/ansiedade esta semana? Poderia continuar por mais uma semana?

Consciência corporal diária

Quando estamos ansiosos, sentimos uma preocupação atrás da outra. Isso pode nos manter tão presos que mesmo somente alguns momentos sem ansiedade parecem impossíveis, mas é possível causar um curto-circuito no pensamento ansioso, deslocando a atenção para nossas sensações físicas.

Experimente isto: imagine olhar para o céu e focar atentamente em uma pequena nuvem negra. Agora aumente a perspectiva de forma a contemplar todo o céu, de horizonte a horizonte. Dessa perspectiva, a nuvem negra perde o significado. Da mesma forma, tirar a atenção de seus pensamentos ansiosos para as sensações físicas criadas por esses pensamentos pode alterar sua perspectiva.

Ao experimentar uma espiral de pensamento ansioso, observe suas sensações físicas – peito apertado, ombros tensos, batimento cardíaco acelerado, entre outras – e dê-lhes toda a atenção, inspirando e expirando. Ao reconhecê-las ("Eu vejo você" ou "Aí está você"), provavelmente terá uma sensação diferente. Reconheça que essas sensações estão comunicando quão vivo você está no momento.

ESTRATÉGIA: MOVIMENTE-SE COM CONSCIÊNCIA

Use o simples ato de caminhar com consciência para se ancorar no aqui e agora e liberar ou diminuir a intensidade do pensamento obsessivo. Você pode fazer isso em qualquer lugar e a qualquer hora – ao caminhar até o carro, no supermercado ou na vizinhança, ou ao ir para o trabalho.

Ao caminhar, concentre-se menos em seu eu pensante e mais em sua experiência física. Por exemplo, como você sente seu pé ao levantá-lo e colocá-lo no chão? Como você sente os braços ao se mover?

Tente sentir o chão internamente. Como é essa sensação? Você sente a sola do pé pesar no chão? Você pode tornar esse movimento mais leve?

Explore todos os seus sentidos. Observe o que você sente na pele: o ar está quente ou frio? Você sente algum cheiro ao inspirar e expirar?

Observe todos os sons ao redor. Analise o que vê. Você está presente aqui neste momento; sinta sua presença e seu estado de espírito alertas.

A cada passo, inspire e expire conscientemente. Conte seus passos enquanto inspira e expira. Quantos passos são necessários para inspirar? E para expirar? Preste atenção nos seus passos e na respiração.

Toda vez que perceber sua mente divagar, traga suavemente sua atenção de volta para observar em seu corpo como é andar. Não há pressa; o que importa agora é estar ciente de seu corpo enquanto ele desliza pelo espaço.

EM RESUMO

- A ansiedade afeta o corpo, e o corpo afeta a ansiedade.

- Aprenda a identificar e observar (sem julgamento) em que locais de seu corpo a ansiedade se manifesta.

- A ansiedade está associada a uma variedade de condições médicas.

- Sono regular, boa alimentação e atividade física geralmente melhoram os sintomas de ansiedade.

- Praticar exercícios de consciência corporal ajuda a reduzir os fluxos de pensamento ansioso.

CAPÍTULO QUATRO

Colocando as estratégias em prática

Seu objetivo está definido. A ansiedade não vai mais controlar sua vida. Agora você sabe que uma vida emocional tranquila e o bem-estar físico estão ao seu alcance. As técnicas que está aprendendo neste livro podem reduzir a ansiedade na hora, no momento em que ela surge. O uso regular das estratégias proporcionará uma redução consistente e sustentável dos sintomas. Veja como começar a levar as técnicas para o próximo nível, criando hábitos e objetivos de longo prazo.

Das estratégias aos hábitos

O grande e pioneiro neuropsicólogo Donald Hebb observou: "neurônios que disparam juntos se conectam". Seja aprendendo um novo idioma, seja respondendo a um pai abusivo, experiências repetidas ao longo do tempo desencadeiam os mesmos padrões de atividade neuronal. Em algum momento, apenas um pequeno gatilho acionará esse padrão de atividade e então vão ocorrer os mesmos eventos do passado. Por exemplo, quando você vê um círculo vermelho a distância, seu cérebro registra automaticamente "sinal de pare à frente". Ao se aproximar, você percebe que, na verdade, é um anúncio em um círculo vermelho, mas sua percepção inicial lhe diz que é um sinal de pare, por isso você já havia começado a reduzir ou a tirar o pé do acelerador. Como os velhos padrões de atividade neuronal disparam rapidamente e antes que tenhamos tempo para pensar conscientemente, mudar hábitos automáticos pode parecer difícil.

Leva cerca de 90 dias para construir um novo hábito. Esse é o tempo aproximado para religar um pouco o cérebro. É preciso disciplina e esforço no início, mas, com a prática, as novas estratégias de enfrentamento tornam-se uma parte natural do seu funcionamento e de sua rotina. Talvez você nem tenha de pensar sobre o que fazer para reduzir sua ansiedade. Você desenvolverá automaticamente uma maneira mais tranquila de estar consigo mesmo e de lidar com o mundo. Essa é a recompensa! Para cultivar a tranquilidade e a calma que deseja, siga as estratégias e esforce-se constante e consistentemente.

Planejamento

Dê uma olhada em como sua vida é organizada para começar a pensar em como e quando vai incorporar as técnicas a sua rotina diária.

Fora suas responsabilidades – trabalho, escola, voluntariado, creche, vida social, obrigações familiares –, o que você faz por si mesmo? Quando tem tempo livre, o que costuma fazer? Pessoas ansiosas geralmente acham que seu tempo livre é imprevisível, que estão à mercê de outras pessoas, de seus horários ou de sua ansiedade. Pare com esse padrão e olhe o panorama geral de sua vida. Procure oportunidades em que possa trabalhar em suas estratégias de ansiedade.

Revise o que aprendeu nos dois últimos capítulos (consultar seu caderno pode ajudar) e identifique com quais técnicas deseja começar. Com que frequência? Que horas ou dias da semana são melhores? Você não precisa tentar todas elas; comece com duas ou três que combinem particularmente com você. Tente fazer esse trabalho sempre no(s) mesmo(s) horário(s) do dia. Um horário consistente dá ao cérebro a informação que vai acelerar o processo "neurônios que disparam juntos se conectam".

Acompanhe seu progresso

Acompanhar seu progresso funciona para muitas coisas, como perder peso ou economizar dinheiro. Assim como funciona para diminuir a ansiedade. É essencial para o progresso de longo prazo monitorar diariamente as estratégias que está usando e a intensidade de sua ansiedade. Aqui está o exemplo de uma maneira rápida e fácil de acompanhar seu progresso. A cada dia, verifique as estratégias usadas nos capítulos 2 e 3. Além disso, certifique-se de avaliar sua ansiedade durante o dia, usando uma escala de 1 a 10, sendo 1 totalmente relaxado e 10 totalmente ansioso. Por exemplo, você pode criar uma tabela como esta:

ESTRATÉGIA	SEG.
Como você se sente agora?	✓ 7
Expresse-se	
Explore a raiva	
Explore a tristeza	✓ 5
Analise sua raiva	
Analise sua tristeza	
Abandone o julgamento (meditação)	
Pratique a aceitação	✓ 4
Enfrente as emoções difíceis (meditação)	
Observe seu corpo	✓ 2
Relaxamento muscular progressivo	
Que histórias você está contando a si mesmo?	
Cuide da sua condição médica	
Crie uma rotina de sono	✓ 2
Faça atividade física	
Alimente-se bem	
Movimente-se com atenção (meditação)	
Avalie sua escala de ansiedade de 1 a 10	✓ 9

A escala de 1 a 10 é uma maneira de olhar para trás e observar seu progresso. No início, você pode ter algumas notas 8 ou mesmo 10, mas o ideal é que, ao longo de um mês, você tenha mais dias com 5 ou mesmo 4.

	TER.	QUA.	QUI.	SEX.	SÁB.	DOM.
				✓ 9		
	✓ 1					✓ 2
		✓ 7				
			✓ 3	✓ 5		
		✓ 7				
					✓ 2	
		✓ 6	✓ 7		✓ 3	
				✓ 8		
		✓ 3	✓ 2			✓ 1
				✓ 2		
						✓ 3
			✓ 8			

Estabeleça objetivos

Uma maneira de sabotar nossos objetivos é dizer a nós mesmos que não temos tempo para fazer uma mudança. Se está lendo este livro, você se preocupa demais e é ansioso, mas não gasta tempo de qualidade fazendo as mudanças que irão melhorar sua saúde mental. Reserve um momento agora para estabelecer uma meta para lidar com sua ansiedade, adotando estratégias diárias/semanais.

Você pode se sentir vulnerável ao reconhecer para si mesmo e para as pessoas próximas que quer melhorar sua ansiedade e irá tomar medidas para isso. Talvez se preocupe com não conseguir fazer isso. Às vezes, é mais fácil, principalmente no início, dizer "Não consigo" ou "Não preciso disso". Se você se pegar pensando em frases como essas, talvez seja porque tem medo do fracasso. Se isso acontecer, vá mais fundo; acredite na sua capacidade de mudar. Você pode e encontrará alívio para sua ansiedade, desde que aprenda a acreditar em si mesmo.

Quando se trata de sua ansiedade, provavelmente você tenta lidar com ela sozinho. Isso é difícil. Tente se expressar; conte o que sente a amigos de confiança ou familiares e obtenha o apoio deles. Compartilhar um pouco sobre sua luta e sobre como está trabalhando para melhorar tornará sua meta mais real e aumentará sua probabilidade de sucesso. Além disso, aumentará sua capacidade de acreditar em si mesmo. Participar de um grupo de apoio à ansiedade em sua comunidade ou procurar um terapeuta também ajudará a mantê-lo concentrado em seu objetivo.

Outra forma de se autossabotar é se cobrar cedo demais. Comece com objetivos menores e vá aumentando suas metas a partir daí. Mesmo que mude pouco sua rotina, já criará a estrutura para mais e mais crescimento. A crença em sua capacidade e sua motivação para melhorar se fortalecerão a cada sucesso e cada vez que concluir uma estratégia de seu calendário.

ESTRATÉGIA DO DIA

Escolha uma estratégia desta seção que repercutiu em você e a inclua em sua programação diária esta semana. Entre as estratégias diárias úteis estão praticar a aceitação, abandonar o julgamento e/ou respirar conscientemente. Antes de implementar a estratégia, visualize-se fazendo isso. Por exemplo, visualize-se levantando um pouco mais cedo e praticando a respiração consciente por 10 minutos. Depois, pratique a estratégia em tempo real todas as manhãs.

ESTRATÉGIA DA SEMANA

Escolha outra estratégia que você possa trabalhar em seu calendário pelo menos três vezes esta semana. Não precisa tomar muito do seu tempo; escolha uma que seja possível para você. Por exemplo, comprometa-se a fazer uma caminhada rápida ou uma corrida leve por 20 minutos, três vezes nesta semana, ou agende um exame completo com seu médico, ou ainda reveja a estratégia "Que histórias você está contando a si mesmo?" (p. 28).

Crie o seu "calendário antiansiedade" semanal

Compre um planejador semanal ou mensal ou use seu calendário digital no *tablet* ou celular. Em seguida, examine o mês atual. Se ainda não o fez, anote todos os compromissos sociais, profissionais e familiares.

Criamos hábitos mais rápido quando mostramos a nosso cérebro os comportamentos que tentamos cultivar diariamente. Anote uma estratégia dos capítulos desta seção que você está disposto a praticar todos os dias do próximo mês.

Agora pense nos momentos de ansiedade que você pode presenciar no próximo mês. Existem dias da semana ou horas do dia específicos em que acredita que estará particularmente ansioso? Ou existem compromissos específicos que sempre desencadeiam sua ansiedade?

Antecipe-se identificando estratégias que podem ser usadas antes de se deparar com situações que possam deixá-lo ansioso e anote aquela que acredita que será particularmente adequada para esse gatilho específico. Por exemplo, se você vai ter uma reunião tensa no trabalho, pode anotar na agenda "Expresse seus sentimentos por escrito" quando chegar em casa nessa noite. Ou se já está antecipando que ficará aborrecido com um amigo ou familiar, você pode praticar a estratégia "Explore sua raiva" antes da visita para ficar mais consciente e mais capaz de controlar a irritação.

Autoanálise

É muito fácil para o cérebro voltar aos velhos padrões habituais. Uma maneira extremamente eficaz de evitar isso é ter a prática regular de analisar-se e verificar se está melhorando/mudando.

Com essa autoanálise, você pode avaliar o que está indo bem e o que pode ter perdido de vista em seu caminho para uma vida tranquila. E então poderá se comprometer novamente com sua persistência. Reconstruir o cérebro requer prática e tempo.

Como você tem feito?

Comece refletindo sobre como você está se saindo a cada dois dias. Então, quando notar que os sintomas estão melhorando, faça isso uma vez por semana e depois mensalmente.

- Quão bem-sucedido você foi com seus objetivos diários?

- Como estão suas metas semanais?

- Com base em uma escala de 1 a 10, está percebendo alguma melhora em seus sintomas?

No início, a melhora pode ser sutil, mas qualquer diminuição da intensidade de sua ansiedade, mesmo que tenha passado de 8 para 7, por exemplo, é uma melhora. Se não foi tão bem-sucedido quanto gostaria, tente agora de forma diferente. Procure outras maneiras de colocar em prática as estratégias e seja honesto sobre o que o está impedindo de evoluir. Lembre-se de que você quer melhorar e de que pode e vai conseguir.

APEGUE-SE A ISSO

Não importa o que fizer, por favor, certifique-se de reconhecer e comemorar seus sucessos. Trabalhei com muitas pessoas que fizeram grandes progressos, mas, uma vez que o objetivo era alcançado, elas o minimizavam ou descartavam. Quando isso acontece, o progresso futuro é frustrado.

Por exemplo, Hannah começou a terapia sem conseguir um momento de trégua do pânico, do nervosismo e da tensão muscular. Ela estava tão consumida por suas constantes preocupações que não conseguia estar presente, muito menos aproveitar a vida. Então, tomou a decisão de assumir o comando e foi ficando cada vez mais à vontade emocional e fisicamente. Hannah integrou várias técnicas em sua rotina diária e seus sintomas melhoraram. Começou a participar novamente de eventos esportivos e passar tempo com os amigos.

Às vezes, ela tinha uma recaída do pânico e mergulhava em um transe familiar em que todo o seu foco se voltava para as preocupações que se acumulavam. Essa situação também a lançava em uma espiral de autocrítica. De repente, pensando que não havia feito progresso algum, ela abandonava as estratégias que lhe haviam trazido alívio.

O progresso não é uma linha reta. Os contratempos fazem parte de qualquer processo de crescimento e mudança. Quem já criou uma criança deve se lembrar daquele momento em que o bebê finalmente dorme bem à noite por algumas semanas seguidas. Quando você acredita que aquelas noites sem dormir já ficaram para trás, então, ah, o bebê começa a ter dificuldade para dormir novamente.

No entanto, o padrão típico é que os contratempos se tornem cada vez menores com o tempo. Assim, o novo comportamento se torna rotina.

A cada duas semanas, reflita sobre seu início. Lembre-se de como era sua vida naquela época e de como aquela vida ansiosa o motivou a adotar uma estratégia de melhoria. Libertar-se da ansiedade é possível para você. Abra-se para o alívio e a calma que estão ao seu alcance. Você vale o investimento.

SEÇÃO

II

comportamento

O que você aprenderá nesta seção

Imagine novamente o triângulo "Emoções", "Comportamento" e "Pensamentos". Qualquer mudança em um vértice do triângulo afetará os outros dois. Essa percepção está no cerne de todas as estratégias deste livro. Nesta seção, vamos nos concentrar em seus comportamentos ansiosos e em como podemos mudá-los. A ansiedade geralmente resulta em dois padrões principais de comportamento: evitação e fuga. Esses dois padrões de comportamento nos permitem limitar, ou mesmo eliminar totalmente, nosso contato com o que quer que nos deixe ansiosos. Reduzir o contato com os gatilhos de ansiedade nos faz sentir melhor temporariamente. Mas os padrões de evitação e fuga têm consequências ocultas; uma das consequências mais sérias é que esses padrões realmente aumentam a ansiedade com o tempo.

Esta seção foi elaborada para ajudar a reduzir seus comportamentos motivados pela ansiedade. Por causa da interconexão entre os três pontos do triângulo, por sua vez, também ajudará a reduzir pensamentos e emoções ansiosos. Por exemplo, se você se comprometer a pegar o elevador todos os dias, mesmo quando sua ansiedade lhe diz para evitá-lo, mudará seus pensamentos ("Ei, os elevadores não são tão assustadores afinal") e suas emoções (com o tempo, você não vai mais sentir tanto medo ao pegar um elevador).

Responder à ansiedade com comportamento de evitação/ fuga reduz cada vez mais seu mundo. Eventualmente, você pode ficar intolerante até para as interações básicas do dia a dia. À medida que exploramos estratégias para enfrentar o comportamento de evitação/fuga, nós nos concentramos em hábitos autodestrutivos específicos, fazendo *o que tememos, aceitando nossa ansiedade e aumentando nossa tolerância à incerteza.*

CAPÍTULO CINCO

Evitação e fuga

O paradoxo da evitação

Imagine uma bela piscina em um dia ensolarado. A piscina está repleta de banhistas que aproveitam ao máximo o sol. Você está com sua roupa de banho e parado na beira da água, parecendo pronto para mergulhar e se juntar a eles. Mas, na realidade, está paralisado pela indecisão. Sim, parte de você deseja entrar em ação. Você deseja aproveitar ao máximo a vida e desfrutar da conexão com os outros. Ao mesmo tempo, uma grande parte de você teme o choque com a água gelada. Você está preso. Você vê outras pessoas curtindo a piscina, rindo e brincando livremente. No entanto, você fica de lado. Sente-se sozinho. Sente-se diferente. Você anda. Senta-se. Começa a imaginar que as pessoas estão olhando para você e sua ansiedade aumenta. Você revira em sua cabeça: "Devo pular? Ou não?". Você nutre seu impulso inicial de evitar a água fria com mais força. Como resultado, seu medo se torna maior.

Finalmente, você decide ficar de fora da experiência na piscina. Você sente um alívio instantâneo, mas sentimentos de autoconsciência e isolamento logo surgem. Sua decisão de evitar limita seu prazer, sua espontaneidade e sua vida social, porque seu medo assumiu o controle.

A piscina é um exemplo simples, mas existem muitas maneiras de evitar o que tememos: evitamos por indecisão, por não comparecer, por não cumprir compromissos, por nos distrairmos com atividades sem sentido, por dar desculpas e por racionalizar.

Deixar de evitar o que você teme significa prestar atenção em como se sente, não apenas no momento em que evita, mas a longo prazo. Claro, a evasão traz um alívio temporário – "Estou com medo de enfrentar meu chefe hoje... ah, vou ligar e dizer que estou doente... que alívio não ter que lidar com aquele idiota!". O alívio temporário reforça a tendência a evitar. Contudo, prorrogar algo não pode ser para sempre. Uma nova ansiedade aparece e assume o controle. Aquilo que parecia ser o doce sabor da liberdade torna-se amargo com pensamentos autocríticos sobre as consequências que sua evitação pode trazer. O que seu chefe vai pensar de você por não ir trabalhar? E se você for mandado embora? Como você vai pagar as contas? Seus colegas o estão criticando por não ir?

Longe de relaxar e aproveitar um dia de folga, sua mente fica remoendo esses pensamentos. Eventualmente, toda essa ansiedade o mantém preso na evitação; você não vai trabalhar não apenas naquele dia, mas também no dia seguinte e talvez até no próximo. Agora provavelmente terá de enfrentar consequências negativas reais.

A evitação parece protegê-lo no curto prazo, mas no longo prazo traz perigo real e mais ansiedade do que antes. Vale a pena ter em mente que o problema fundamental não é a ansiedade, mas como você reage a ela.

Programado para evitar

A resposta de lutar ou fugir é produzida por uma área do cérebro frequentemente chamada de "cérebro reptiliano" devido à sua natureza primitiva. O cérebro reptiliano evoluiu muito cedo e depende de um sistema operacional não sofisticado; em milissegundos, fugimos (evitamos/escapamos) de uma ameaça percebida ou congelamos no local, antes mesmo de processarmos o perigo aparente. De uma perspectiva evolucionária, essa resposta instantânea de tudo ou nada é eficaz porque, afinal, não queremos perder um tempo precioso com detalhes quando encontramos uma ameaça física real.

Por outro lado, a resposta reptiliana não funciona tão bem em nos ajudar a descobrir como resolver problemas que provocam ansiedade, mas que *não são realmente ameaçadores*. E na vida moderna isso descreve a maioria dos problemas que encontramos. Mesmo uma situação genuinamente assustadora – como uma avaliação de desempenho com um chefe de quem você não gosta – não é uma ameaça imediata para você. Mas seu cérebro reptiliano não sabe disso e pode reagir ao seu medo com uma resposta de lutar ou fugir que é inútil em um ambiente profissional.

Em outras palavras, a resposta de lutar ou fugir pode ser acionada mesmo quando o perigo real não é evidente. Uma vez que as informações sobre a percepção de perigo chegam ao nosso "cérebro do andar de cima" mais evoluído, somos capazes de determinar racionalmente o risco que a ameaça realmente representa, bem como resolver o problema e agir estrategicamente. Mas temos que dar a essa informação uma chance de chegar lá, sem ficar presa na resposta gerada por nosso cérebro reptiliano.

Quando a evitação se torna o problema

Pergunte-se se você evita ou reage exageradamente a coisas que não representam um perigo real. Coisas sobre as quais, se você tivesse feito uma pausa para analisá-las e as considerado com mais cuidado, teria notado que não eram realmente tão preocupantes.

Ao evitar as coisas ou situações que são gatilhos para você, está essencialmente afirmando que não consegue gerenciálas, quando na realidade poderia lidar com elas. Essa capacidade diminuída de acreditar em si mesmo apenas aumenta a evitação no futuro. Entre outros pensamentos confusos, sua mente ansiosa provavelmente subestima seriamente suas capacidades (falaremos mais sobre isso no capítulo 8). Vejamos como começar a mudar sua tendência a evitar.

ESTRATÉGIA: O QUE VOCÊ ESTÁ EVITANDO?

Como vimos, evitar e fugir apenas geram mais evitação. O ciclo de evitação continua porque é um hábito que se torna inconsciente. Um passo importante é identificar conscientemente o que você está evitando para não fazer mais isso no piloto automático.

Reserve um momento para refletir sobre seus padrões de evitação. O que você evita que lhe causa problemas no longo prazo? Veja algumas pistas que sugerem que está se esquivando de algo que importa ou que tem significado para você:

- Dizer que vai fazer alguma coisa, mas não segue adiante.

- Procrastinar: atrasar uma tarefa até amanhã... depois para o dia seguinte... e assim por diante.

- Racionalizar, dar justificativas e desculpas de por que você não pode fazer algo. ("Meu despertador não tocou.")

- Desperdiçar tempo/energia com pensamentos, tarefas e interações triviais como uma forma de distraí-lo do que você deveria ou precisaria fazer.

- Dizer com frequência aos outros, ou a si mesmo, que não se sente bem fisicamente e, por isso, não pode fazer algo.

Faça uma lista em seu caderno do que você evita. Mantenha-a em foco na mente e veja se você consegue se conter no momento em que está decidindo evitar. Em seguida, tente fazer uma escolha diferente!

ESTRATÉGIA: POR QUE VOCÊ ESTÁ EVITANDO ISSO?

Até mesmo o comportamento disfuncional e autodestrutivo permanece ou aumenta quando é recompensado. As pessoas continuam fumando por causa do efeito recompensador da dopamina. Sem o compromisso sério de fazer uma mudança, esse comportamento continua, apesar de o tabagismo prejudicar a saúde e a longevidade.

É importante identificar o que está reforçando ou fortalecendo sua tendência a evitar, mesmo que você queira interromper esse comportamento.

- O que você *ganha* toda vez que evita as situações que listou em seu caderno? Algumas pessoas relatam ter sentido uma sensação de leveza, como se esquivassem de uma bala, matassem aula ou saíssem de algo realmente horrível.

- Você comemora o adiamento como se tivesse ganhado um prêmio ou realizado algo? Quem está realmente ganhando?

- Avalie se a evasão é reforçada porque você nunca terá de se expor totalmente e correr o risco de rejeição, desaprovação ou fracasso.

- De que outra forma sua evitação pode ser reforçada?

O que você ganha com a evitação?

A evitação é uma solução de curto prazo que causa mais e mais ansiedade a longo prazo. Experimente este exercício de escrita para motivá-lo e focar no alívio consistente de longo prazo, e não em soluções rápidas que não perduram e trazem consequências negativas.

Escreva duas listas em seu caderno:

1. Todos os benefícios de evitar algo. Seja muito honesto consigo mesmo; ninguém mais vai ler esta lista. Escreva por que você evita certas coisas e os sentimentos positivos que surgem quando você o faz. Tente se conectar emocionalmente com os sentimentos – por exemplo, o alívio da pressão ou o poder de conseguir escapar de algo.

2. Todos os benefícios de não evitar. Como você se sentiria a respeito de si mesmo – autoestima elevada, orgulho, menos vergonha, força? Que objetivo você pode alcançar – mais alegria, mais produtividade, amizades mais íntimas, mais competência no trabalho, mais espontaneidade?

Agora compare as duas listas. Qual é melhor para você em longo prazo? Qual o faz se sentir melhor além do aqui e agora e o ajuda a atingir objetivos mais amplos? Defina agora o que você deseja no futuro.

Direto no alvo

Os psicólogos chamam os comportamentos que você deseja reduzir ou mudar – como o de evitar problemas – de "comportamentos-alvo". É nesses comportamentos que queremos intervir. Os comportamentos-alvo geralmente são comportamentos improdutivos que você continua a ter, mesmo que sejam contraproducentes.

Por exemplo, Jase temia falar em público e, como resultado, evitava qualquer tipo de reunião em grupo no trabalho. Na verdade, conhecia bem seu trabalho e gostaria de poder mostrar seus talentos falando em público. Para começar, focamos no padrão de Jase de evitar reuniões. Queríamos reduzir e, em última análise, eliminar esse comportamento de evitação. Ele concordou em pelo menos participar das reuniões de trabalho, mas não se pressionou inicialmente para falar. Em seguida, passou a fazer perguntas e, eventualmente, declarações/comentários cada vez maiores para o grupo.

Outra cliente, Alisha, temia obsessivamente que o namorado terminasse com ela. Para evitar esses sentimentos, ela buscava a garantia constante dele de que sempre estaria lá. Como uma droga, ela precisava de doses seguidas de segurança. Ela queria se sentir segura e protegida no relacionamento. Portanto, focamos na sua tendência de buscar garantias. Ela concordou em reduzir seus pedidos de reafirmação em 25% e se comprometeu a simplesmente superar qualquer pico de ansiedade resultante disso. Dessa forma, ela não teria que mudar repentinamente, mas poderia começar a se ajustar aos poucos. E funcionou. Alisha começou a perceber que podia administrar, e até mesmo abandonar, seus medos por períodos de tempo maiores. E ajudou seu companheiro a se sentir menos exausto e mais solidário em relação a ela.

Lidar com a evasão requer identificar comportamentos-alvo. A tabela a seguir lista alguns exemplos de objetivos e como mudar seu comportamento para alcançá-los.

OBJETIVO	MUDANÇA DE COMPORTAMENTO ESPECÍFICA
Aumentar a conexão/ proximidade social com as pessoas	Vá a compromissos sociais; estabeleça mais contato visual em situações sociais
Melhorar a capacidade de falar em público	Nas reuniões de trabalho, converse por pelo menos três minutos: faça uma pergunta, um comentário ou esclareça algo
Diminuir a necessidade de reafirmação do parceiro	Aprenda a tolerar o medo do abandono: converse consigo mesmo positivamente; faça exercícios respiratórios; busque a reafirmação, as diminua as ocorrências em 25% (por exemplo, três vezes ao dia em vez de quatro, e continue diminuindo)
Reduzir a espiral de preocupações/reflexões	Desenvolva uma consciência durante a ruminação de ideias, respirando e buscando estar atento; converse com as pessoas quando estiver chateado em vez de lidar com as dificuldades por conta própria
Estar presente e participar da vida	Não consuma drogas ou álcool; conscientize-se de quando estiver divagando ou sonhando acordado; faça perguntas; seja um ouvinte ativo

ESTRATÉGIA: IDENTIFIQUE ALVOS

Com base em seus objetivos, identifique três ou quatro comportamentos-alvo que você gostaria de mudar porque atrapalham seus objetivos maiores.

Avalie quão difícil será trabalhar em cada um desses comportamentos. Use uma escala de 1 a 10, sendo 1 nada difícil e 10 quase impossível.

Avalie quão motivado você está para trabalhar cada um desses comportamentos. Use a mesma escala.

Comece com um comportamento que não seja muito difícil de eliminar, mas que tem lhe causado problemas suficientes para motivá-lo a trabalhar nele. Portanto, usando a escala de 1 a 10, escolha um comportamento na faixa de dificuldade de 4 a 6 e que esteja acima de 5 na escala motivacional. Depois de fazer progresso em um comportamento-alvo, você ganhará força e poderá trabalhar em outros como desejar.

A grande fuga

Quando evitamos algo, trabalhamos nos bastidores para afastar o que tememos. Estamos planejando com antecedência eliminar totalmente o contato com o gatilho. A fuga é diferente; ela se manifesta quando experimentamos uma onda aguda de ansiedade no momento em que temos contato com o gatilho. Em seguida, fazemos o que for preciso para fugir disso. Imagine o que você faria se tocasse em um eletrodoméstico e recebesse um choque elétrico repentino – você tiraria a mão imediatamente. Não conseguiu evitar o choque, mas escapou e minimizou o contato com a sensação desagradável.

Por exemplo, se você tem fobia de lugares lotados, pode ficar perfeitamente bem na maior parte do tempo vivendo em uma bolha que o mantém em sua zona de conforto. Contudo, o terror pode tomar conta se, por algum motivo, você errar nos cálculos e de repente se vir em um canto lotado da recepção de um museu. Seus batimentos cardíacos disparam. Seu rosto fica vermelho. Você estremece. Você pode até pensar que vai desmaiar ou ter um ataque cardíaco. Semelhante a um alarme de incêndio, esses sintomas de pânico fazem com que você imediatamente dê uma desculpa e fuja.

Como vimos, uma resposta adaptativa de sobrevivência em uma verdadeira emergência pode, para a pessoa com ansiedade crônica, se tornar um padrão autodestrutivo de evitar situações desconfortáveis, mas não ameaçadoras. Quando isso acontece, uma pessoa pode estar em modo de fuga total para situações que são realmente inofensivas – *shoppings*, cinemas, carros, festas, eventos familiares, reuniões de trabalho, consultas médicas, só para citar alguns. Ceder ao pânico e ao medo por meio da fuga significa que nenhum novo aprendizado ocorrerá, porque você nunca terá a chance de descobrir se o que teme realmente vai acontecer.

ESTRATÉGIA: CONTROLE A LUTA OU A FUGA

Se um leão o atacar, pule sobre um muro alto, corra em direção ao tráfego que se aproxima, bata em uma porta de vidro deslizante – faça o que for preciso para sobreviver. Mas raramente a maioria de nós se depara com situações de risco de vida. Nas outras circunstâncias, aquelas que parecem assustadoras, mas não representam uma ameaça real, você obterá resultados melhores se controlar sua resposta de lutar ou fugir por tempo suficiente para que seu "cérebro do andar de cima" entre em ação e você possa, assim, fazer uma avaliação precisa do risco. Aqui estão três estratégias rápidas e fáceis para diminuir a agitação física e a excitação – falta de ar, aumento da frequência cardíaca, suor, tremores – que acompanham o pânico e a ansiedade:

1. Respire lenta e profundamente, acompanhando o movimento de sobe e desce de seu peito. A cada vez que expirar, faça isso de forma um pouco mais prolongada do que a anterior.

2. Se estiver muito tenso para respirar livremente, conte cada movimento. Contar ajuda a distrair o cérebro de pensamentos ansiosos. Conte 1 ao inspirar, 2 ao expirar e assim por diante até 20. Em seguida, comece novamente com 1. Repita algumas vezes; a agitação começará a diminuir.

3. Se a respiração não funcionar, coloque a mão sobre o coração. Observe a velocidade dos batimentos. Tente desacelerar conforme respira. Coloque toda a sua atenção em observar as batidas do seu coração.

ESTRATÉGIA: ENFRENTE SEU MEDO (EXPOSIÇÃO)

Reforçamos o comportamento de fuga ao sairmos de uma situação que nos provoca medo antes mesmo de verificar se nossas expectativas ansiosas estavam corretas. A única maneira de testar seus medos é colocando-se nas situações que normalmente fazem você querer fugir e checar se suas expectativas são realistas. Inicialmente, isso vai trazer desconforto, mas, a longo prazo, vai deixá-lo menos ansioso e diminuir o comportamento de fuga.

1. Pegue seu caderno e anote as situações que normalmente desencadeiam vontade de fugir.
   Exemplo: Dirigir.

2. Ao lado de cada situação, escreva o que acha que aconteceria se você permanecesse na situação e não fugisse dela.
   Exemplo: "Se eu continuar dirigindo quando sentir minha frequência cardíaca aumentar e falta de ar, vou pirar e bater o carro".

3. Avalie a probabilidade de que cada uma das expectativas listadas aconteça de fato em uma escala de 1 a 10 (sendo 1 nada provável e 10 extremamente provável).

4. Agora escolha uma situação de sua lista que seja moderadamente difícil, não dolorosamente difícil, mas desafiadora o suficiente para abalá-lo. Você vai se colocar

intencionalmente nessa situação e verificar se consegue lidar com ela melhor do que imagina.

5. Comece persistindo na situação por um curto período de tempo e aumente gradualmente a partir daí. Lembre-se de respirar (use a estratégia "Controle a luta ou a fuga", na p. 46) durante este exercício. Você pode e conseguirá dominar esse medo.

6. Escreva seu objetivo. (Usaremos o exemplo anterior.) Agora vá e dirija. Continue dirigindo por mais 15 minutos após o início dos sintomas de pânico (batimento cardíaco acelerado, respiração curta, tremores). Use a respiração consciente para desacelerar a respiração e os batimentos cardíacos para que o "cérebro do andar de cima" possa sintonizar e analisar se você está realmente seguro.

7. Depois, pergunte-se:

- Sua expectativa se provou verdadeira? ("Não.")

- Qual é a evidência de que sim ou não? ("Senti meu coração bater mais rápido e tive falta de ar, mas continuei dirigindo por 15 minutos" ou "Não bati o carro".)

- O que você aprendeu com essa experiência? ("Posso ficar ansioso e ainda dirigir com segurança.")

O que aconteceria se...?

Este breve exercício de escrita é uma forma de desviar o foco do medo para sentimentos positivos e para um forte senso de si próprio, que surgirão à medida que você conta menos com a fuga e mais com o seguir em frente, apesar de sua ansiedade ou pânico.

Escreva duas histórias em seu caderno:

1. A história do que acha que pode acontecer se você se expuser intencionalmente a algo de que está fugindo. Lembre-se de seu pior cenário – de todos os pensamentos, sentimentos ou comportamentos difíceis que imagina que aconteceriam se você se agarrasse a algo do qual deseja se afastar instintivamente. Talvez acredite que vai morrer, que terá de chamar uma ambulância, enlouquecer, vomitar, se humilhar... seja o que for, escreva. Seja o mais específico possível.

2. Agora escreva outra história retratando o melhor cenário do que poderia ocorrer se você não usasse a fuga para controlar o pânico. Nessa história, você enfrenta e administra com sucesso quaisquer pensamentos, sentimentos ou comportamentos que possam surgir. Apesar do seu desconforto, você permanece. Se resistisse ao desconforto, qual seria o resultado? Como você se sentiria? Imagine se sentir bem, forte, capaz, e até mesmo orgulhoso.

Intolerância à incerteza

Você se lembra da "Bola 8 Mágica" da infância? Faça qualquer pergunta à bola, agite-a e *puf*! Um triângulo aparece no visor e oferece uma resposta óbvia. Se a "Bola 8 Mágica" realmente funcionasse, provavelmente não teríamos transtornos de ansiedade; porque ela sempre nos diria o que aconteceria, nunca teríamos que experimentar a incerteza.

Uma pesquisa mostra que as pessoas que lutam contra a ansiedade e a preocupação crônicas têm grande dificuldade em lidar com a incerteza – isto é, situações com resultados desconhecidos. Pensar demais – sobre eventos passados ou possíveis resultados futuros – é uma maneira de preencher a lacuna de incerteza. Quando não sabemos o que vai acontecer, nosso cérebro se ocupa trabalhando em um monte de resultados hipotéticos para nos fazer sentir que sabemos mais do que realmente sabemos. Pense em uma pessoa que vai ao médico para realizar seus exames de sangue anuais. Antes dos exames, durante a consulta e até receber os resultados, ela imagina e repassa os possíveis resultados negativos. Até considera vários planos de tratamento para determinados diagnósticos e doenças.

O problema com esse tipo de preocupação e ruminação é que a mente ansiosa não é muito racional e tende a pensar em resultados catastróficos um pouco improváveis. Portanto, embora se preocupar com resultados ruins possa tranquilizar no curto prazo, na verdade o deixará cada vez mais ansioso com o tempo.

Isso acontece porque, quando não toleramos a incerteza, assumimos mais responsabilidades do que o razoável para determinada situação. Uma espécie de pensamento supersticioso surge dizendo-nos que o "trabalho" da preocupação está, de alguma forma, nos mantendo a salvo de cenários ruins hipotéticos. Quer pensemos ou não, durante todo o dia, nos exames de sangue, os resultados serão os mesmos. Curiosamente, quando os resultados chegam indicando que tudo está bem, há uma tendência autodestrutiva e irracional de acreditar que nossas preocupações fizeram a diferença. E então, da próxima vez que a incerteza surgir, seremos incentivados a nos preocupar novamente para preencher nossa lacuna de conhecimento.

É como se estivéssemos dizendo: "Se eu não me preocupar com isso, então será minha culpa se coisas ruins acontecerem". Apesar do peso dessa pressão, perseveramos em nossas preocupações, pensando que nos levarão a algum lugar quando, na realidade, estão apenas aumentando nosso estado mental ansioso. Por isso, verificamos nosso *e-mail* repetidamente para garantir que não perdemos nada. Verificamos três vezes seguidas se as bocas do fogão estão desligadas ou se as portas estão trancadas sempre que saímos de casa. Buscamos segurança, perguntando a nós mesmos e às pessoas ao nosso redor: "Tem certeza de que ainda me ama?", "Eu fiz tudo o que poderia?", "Meu filho está seguro?", "Eles pensam mal de mim?", "Será que algum dia encontrarei um companheiro?", "Estou saudável?", "Eu sou normal?", "Está tudo bem?".

Viver assim é exaustivo e, com o tempo, diminui a qualidade de vida. A ideia de que temos que nos preocupar ou permanecer hipervigilantes para que coisas ruins não aconteçam é uma ilusão. Coisas ruins, como sofrimento e tristeza, infelizmente fazem parte da vida. Não é seu trabalho tornar certo o incerto. O único controle real que temos é o de aceitar a incerteza razoável, para que a ansiedade não nos roube a alegria ou o prazer de estar totalmente presente na vida neste momento.

ESTRATÉGIA: CONHEÇA NOVAS PESSOAS

Antes de uma situação social, não conseguimos saber 100% o que vai acontecer, como nos sentiremos ou o que os outros podem pensar de nós, razão pela qual esses cenários frequentemente envolvem muita ansiedade. Podemos ficar tão presos ao medo de possíveis julgamentos/críticas/desprezos, que ficamos paralisados com a perspectiva de sair com outras pessoas.

Quanto mais assertivo você for, menor será a probabilidade de temer uma interação social. Isso porque, quando você troca contato visual, fala abertamente, estabelece limites, compartilha opiniões, as pessoas o veem e o respeitam. E, também, falar abertamente é uma maneira de esclarecer equívocos e falhas de comunicação (ambos inevitáveis no mundo social) para que a mesma dinâmica social angustiante não continue a afetar você indefinidamente.

Liste no caderno quais são seus medos antes de entrar em uma situação social específica e, ao lado de cada um, escreva como você poderia reagir e lidar apropriadamente com a situação, caso ocorresse.

- Que rejeições podem ocorrer?
  Exemplo: "As pessoas não vão falar comigo" ou "As pessoas vão desviar o olhar e fazer como se eu nem estivesse lá".
  Resposta: "Vou me oferecer para ajudar o anfitrião" ou "Vou montar um plano e iniciar o evento, então serei um fator vital".

- Que críticas podem ocorrer?
  Exemplo: "Se eu falar sobre meu trabalho, as pessoas vão achar chato e que não sou interessante".

Resposta: "Vou falar um pouco sobre meu trabalho, mas destacarei os pontos positivos, sorrirei, e talvez até faça piada sobre isso" ou "Vou variar minha conversa para incluir meu trabalho, mas também minha família ou um filme a que assisti".

- O que você sempre evita em suas interações sociais que é importante para você e não pode prever?

    Exemplo: "Quero me sentir como as outras pessoas, mas temo que elas me evitem ou não prestem atenção em mim".

    Resposta: "Vou fazer questão de envolver as pessoas. Vou fazer perguntas, manter contato visual e fazê-las sentir que estou interessado no que dizem, para que gostem de falar comigo".

Se possível, represente uma situação com um amigo ou seu terapeuta em que ele desempenhe o papel de alguém crítico e você desempenhe o papel de ser assertivo e se defender. Ou fique na frente de um espelho e literalmente represente os dois lados. Acostume-se a se ouvir esclarecer pensamentos ou declarações sem ser defensivo. Uma boa fórmula para isso é começar validando o que o outro disse e em seguida esclarecer o seu ponto de vista: "Eu entendo o que você quer dizer, mas na verdade não vejo dessa maneira".

Depois de praticar a assertividade, saia para o mundo e converse com as pessoas. Você pode tolerar a incerteza de não saber o que os outros estão pensando e ainda assim desfrutar das experiências sociais.

ESTRATÉGIA: APRENDA A TOLERAR A INCERTEZA

Aprender a tolerar a incerteza e entender que é possível conviver com ela é, na verdade, muito mais fácil no longo prazo do que pensar demais em possibilidades e imaginar resultados aterrorizantes.

Aqui estão quatro passos para aumentar sua tolerância à incerteza:

1. Em vez de evitar a incerteza, enfrente-a.

2. Quando a incerteza aparecer, receba-a corajosamente de braços abertos: "Vejo você, incerteza, e posso e continuarei a viver plenamente enquanto estiver ao meu lado".

3. Reduza comportamentos que reforçam a crença de que você não consegue lidar com a incerteza. Se você tem o hábito de verificar as coisas compulsivamente, tente fazer isso em intervalos maiores em vez de todos os dias, ou a cada cinco horas em vez de a cada hora. Se você busca constantemente reafirmação, tente se acalmar por meio de uma conversa positiva consigo mesmo, anotações, exercícios, respiração profunda, antes de ir atrás de outra dose de tranquilidade. Se você está ruminando sobre um cenário hipotético, nomeie-o internamente como "não é possível ter certeza do incerto".

4. Enquanto você fortalece os músculos que lhe permitirão controlar a incerteza, preste muita atenção às partes de

sua vida que você *de fato* controla. Por exemplo, estar presente na vida das crianças e estar atento a elas é uma forma de impactar sua felicidade futura. Praticar atividade física e comer bem ajuda na saúde e na sensação de bem-estar. Construir habilidades de comunicação e experiências positivas com outras pessoas ajuda muitos relacionamentos a resistir ao teste do tempo. Você pode não ser capaz de prever resultados incertos, mas estas são opções que você pode usar para ajudar a garantir que tudo correrá bem no longo prazo!

EM RESUMO

- A evitação parece trazer alívio momentâneo, mas a longo prazo aumenta a ansiedade.

- O desejo de evitar/fugir de situações de medo faz parte da resposta de luta ou de fuga de nosso cérebro.

- O problema é quando a luta ou a fuga é acionada sem uma ameaça de fato real.

- Desafie seu instinto de escapar ou evitar para obter um novo aprendizado.

- A incerteza na vida é inevitável; aceitar essa verdade diminui a ansiedade.

CAPÍTULO SEIS

Aceitação e aproximação

Fazendo as pazes com a ansiedade

A ansiedade tem uma função importante. A preocupação nos permite entrar em sintonia, nos conectar com os outros, cuidar de nós mesmos e ter empatia. A ansiedade também nos motiva a definir metas, a agir e a prestar atenção ao que é importante. Às vezes, vejo pessoas em minha clínica que não têm ansiedade suficiente. Isso pode parecer estranho, mas elas se sentem desmotivadas, perdidas e sem propósito. Provavelmente, se você convive com a ansiedade, está totalmente envolvido com o curso de sua vida. Você tem o impulso necessário para alcançar uma vida enriquecedora e significativa. A chave, no entanto, é não desperdiçar sua energia preciosa em uma luta *contra* a ansiedade.

Muitos de nós têm a sensação de que não estão vivendo uma vida "boa" ou "feliz" ou "correta", mesmo se o sofrimento é pequeno. Se você se sente assim, provavelmente gasta muita energia tentando evitar o inevitável. Alegria, amor e prazer são aspectos magníficos da vida. No entanto, nas letras miúdas do contrato da vida, você descobrirá que adversidades, perdas, sofrimentos, reveses e, sim, ansiedade também fazem parte do acordo.

Em vez de tentar se livrar do que não pode mudar, como angústia e desconforto, mude sua *relação* com a ansiedade, aceitando-a. Desista da luta inútil contra seus sentimentos e permita que sua ansiedade venha e vá – como os sentimentos sempre fazem.

Imagine-se como um surfista, movendo-se não contra, mas com as ondas da emoção, aceitando-as conforme surgem. Você não pode controlar as ondas, mas pode aceitá-las como são, o que o ajudará a se mover pela vida com mais tranquilidade.

Aceitar a ansiedade não significa que você é uma vítima dela ou que está desistindo e permitindo que ela o controle. A aceitação nem mesmo significa que você gosta da experiência pela qual está passando. Aceitação é a ideia de que as coisas são o que são. Quando você olha pela janela e vê a chuva, não diz a si mesmo: "Está chovendo, tenho que arrumar isso!". Também não diz: "Sou uma vítima da chuva" ou "Estou sendo abusado pela chuva" ou "Está chovendo, desisto". Talvez você não ame a chuva, mas abre um guarda-chuva, segue em frente e sabe que eventualmente ela vai parar.

ESTRATÉGIA: ACEITAÇÃO

Faça esta experiência para sentir uma mudança na percepção e na liberdade emocional que a aceitação verdadeira proporciona.

Para este exercício, pegue seu caderno e também uma bandana ou tecido leve que você possa usar como venda. Quero que, com os olhos vendados, você escreva algumas frases sobre sua compreensão do papel da aceitação no controle da ansiedade. Você deve escrever da forma mais clara e legível possível, certificando-se de manter as letras e palavras alinhadas, mesmo que não consiga ver o que está escrevendo. Use a artimanha que achar melhor para fazer isso, exceto remover a venda. Faça o seu melhor para encontrar uma maneira de escrever o mais reto possível, apesar de não ser capaz de ver.

Agora faça o exercício novamente. Desta vez, não se preocupe em escrever direito e nas linhas, ou em ter certeza de que suas letras estão claras. Basta escrever com a venda.

Você consegue notar a diferença? Depois de aceitar a venda, você se livra da ansiedade a respeito dela.

ESTRATÉGIA: DEFINA SEUS VALORES

Valores é o que mais levamos em consideração na vida, o que dá sentido à nossa vida. Exemplos comuns de valores essenciais incluem família, espiritualidade, saúde e comunidade. Viver uma vida que corresponda aos seus valores essenciais aumenta a autoestima, a alegria e a qualidade de vida. A boa notícia é que as estratégias que você está aprendendo aqui o ajudarão a canalizar sua energia para longe dos padrões de ansiedade e perto dos valores que mais importam para você, apesar de, ou junto com, seus sintomas de ansiedade.

Uma boa maneira de entrar em contato com seus valores é imaginar-se no leito de morte. Isso pode ser difícil, mas imaginar o fim da vida às vezes pode nos conectar com o que mais queremos.

- O que você quer que os outros saibam e lembrem sobre você, o que você fez ou não fez, durante a vida?

- Como você deseja impactar o mundo?

- Como você quer que outras pessoas de quem você gosta o percebam?

Considere escrever o que você valoriza em cada área da vida, conforme listado abaixo. Lembre-se: um valor pode ser o fato de você não valorizar esta área específica.

Relacionamentos (romance, amizade, família, pais, filhos):

Profissional:

Educação:

Religioso/espiritual:

Comunidade:

Hobbies/interesses:

Crescimento psicológico:

Saúde física:

ESTRATÉGIA: AÇÃO COMPROMETIDA

Identifique o que você pode fazer *agora* para começar a viver o tipo de vida que realmente deseja. Qualquer pequeno passo em direção aos seus valores melhorará seu humor e sua ansiedade. Pegue seu caderno e trace um plano para começar a agir de forma comprometida com algo que você valoriza.

Veja como fazer:

1. Identifique o valor:
   Exemplo: Crescimento psicológico.

2. Identifique o objetivo:
   Exemplo: Aumentar a autoestima.

3. Identifique a etapa a seguir para alcançar a meta:
   Exemplo de ação de curto prazo: "Todos os dias, fazer uma tarefa que me faça sentir competente – pagar as contas, fazer uma refeição, praticar atividade física, ser voluntário, ajudar um amigo".
   Exemplo de ação de longo prazo: "Perguntar ao chefe o que é necessário para uma promoção" ou "Inscrever-se em um curso".

4. Agora entre em ação!

Sua melhor vida

A história que conta a si mesmo sobre quem você é e o que pode e não pode fazer influencia todos os aspectos de sua vida. Embora você possa considerar sua história um fato, ela não é. O acúmulo de experiências negativas ao longo do tempo pode nos dar uma visão de nós mesmos totalmente falsa. Estamos tão acostumados com nossa história que não a desafiamos ou reconhecemos as maneiras como ela bloqueia nosso crescimento. Sua história pode ser mudada.

- Reescreva sua história para que possa apoiar quem você realmente deseja ser.
- Nesse processo, considere com quais ideais/valores você se preocupa e deseja cultivar.
- Escreva sobre como seria sua melhor vida e também como você se sentiria internamente se estivesse realmente vivendo essa vida.
- Escreva itens de ação específicos e factíveis que o moverão em direção a viver essa vida começando agora, hoje.

Faça aquilo que mais teme

Para muitos de nós, é tentador pensar que a única forma de liberdade emocional é eliminar totalmente a ansiedade. Mas, como vimos, acabar totalmente com a ansiedade é autodestrutivo por causa dos muitos benefícios que ela nos traz e, claro, porque é uma tarefa impossível. Sentir-se ansioso de vez em quando é algo a aceitar, e não para lutar contra.

Aceitar que você vai se sentir ansioso às vezes – em alguns casos, bastante ansioso – libera o espaço psíquico que foi ocupado pela ansiedade voluntária. Essa abertura é um portal para atingir objetivos e viver uma vida significativa *enquanto a ansiedade estiver presente*.

Na verdade, quando você abre espaço para que a ansiedade esteja presente sem soar o alarme de incêndio, descobrirá que vale a pena simplesmente observar como a ansiedade surge. Frequentemente, ficamos ansiosos com as coisas porque elas são importantes para nós. Por exemplo, quando nos preocupamos com uma interação social é provavelmente porque de fato valorizamos ter uma vida social. Se trememos diante de uma entrevista de emprego, é porque a realização profissional é importante para nós. Em geral, não ficamos ansiosos com coisas que são irrelevantes para nossa vida e nossos valores.

Em vez de se voltar contra si mesmo quando a ansiedade surgir, abra espaço para ela e para o que ela pode ensinar. Aceite, total e completamente, o positivo e o negativo. Aborde o que você tem medo, porque tudo o que está do outro lado desse sentimento importa para você. E isso é importante, porque *você* importa.

Paradoxalmente, aceitar totalmente a ansiedade alivia esse sentimento. Para isso, no entanto, você deve aceitá-la legitimamente como uma parte inevitável de sua vida. Aceitar a ansiedade apenas para que ela "vá embora" não funcionará. Diga a si mesmo (*e queira isso!*): "Minha ansiedade vai e vem sempre" e "Ainda posso estar bem e viver uma vida valiosa com a ansiedade".

Talvez você tenha experimentado a liberdade que vem com a aceitação verdadeira em outras partes de sua vida:

Somente quando você aceitou sua situação de trabalho insatisfatória, ela melhorou.

Somente quando você aceitou uma perda, ganhou algo.

Somente quando você aceitou suas falhas (ou as de outra pessoa), elas pararam de incomodá-lo.

Somente quando você aceitou seu diagnóstico, você se tornou mais saudável de outras maneiras.

A aceitação diminui o foco obsessivo e a energia gasta em tudo o que está nos incomodando. À medida que nos tornamos menos focados individualmente, nossa visão se expande para uma perspectiva maior. Temos espaço para traçar estratégias, assumir riscos e fazer mais para melhorar nossa situação.

ESTRATÉGIA: IMAGINE UMA SITUAÇÃO

Use este exercício de visualização para entrar em contato com o que você pode ganhar se superar a ansiedade.

1. Pense em algo que seja importante para você, mas que tenha evitado ou negligenciado por causa da ansiedade e do medo. Imagine os detalhes. Pinte a cena com os olhos da mente.

2. Tente evocar o que sentiria se enfrentasse o que teme. Observe as dicas físicas. Você consegue sentir a frequência cardíaca aumentar ou um vazio no estômago? Lembre-se de que você está seguro; você está apenas fingindo.

3. Imagine você seguindo em frente com tudo o que costuma assustá-lo e deixá-lo inativo e pense em como se sentiria se fizesse isso. O que você ganharia?

A ansiedade não manda em você

Idealmente, quando nossa resposta de ansiedade é acionada, fazemos uma avaliação rápida de quão perigosa realmente é a situação. Então, somos capazes de administrar a situação de maneira adequada ("Saia de casa, é um incêndio!") ou nos autoacalmar ("Você está bem, respire fundo."), voltando a um padrão mais calmo e seguindo em frente. Quando temos ansiedade crônica, a resposta de lutar ou fugir é acionada tantas vezes que ficamos sempre a postos contra ameaças em potencial e nunca relaxamos de verdade.

A ansiedade pode ser como um tirano que nos controla a tal ponto que nossa verdadeira natureza fica em segundo plano.

Com o tempo, é cada vez mais difícil lembrar quem somos e o que queremos, separar a ansiedade ou acreditar que existe outra maneira de viver. No entanto, é possível se libertar. Você pode seguir seu próprio caminho, fazer suas próprias coisas; você pode ser o chefe da ansiedade.

Veja o exemplo de Mateo, um jogador de futebol do colégio com quem trabalhei em meu consultório de psicoterapia. Apesar de ser um atleta talentoso, Mateo era, mesmo assim, consumido pela ansiedade em relação ao seu desempenho em campo. Com o tempo, essa ansiedade o impediu de treinar, o que apenas aumentou sua ansiedade e seus sentimentos negativos sobre si mesmo. Não treinar significava que suas habilidades não estavam melhorando. Mateo temia que os recrutadores não vissem o que ele poderia oferecer e tudo estaria perdido.

Sugeri a ele: "Você sabe que está realmente ansioso agora. Sua ansiedade está lhe dizendo para ficar em casa e desistir do sonho de conseguir uma bolsa de estudos com o futebol. Você acredita que tem que fazer o que a ansiedade lhe diz. Mas você não precisa ouvi-la. Você está no comando, não a ansiedade. Você poderia treinar *enquanto se sente ansioso*".

No início, Mateo, como muitos de nós, permaneceu preso à ideia de que não poderia conviver com a ansiedade: "Mas eu não quero ficar ansioso! Eu tenho que resolver o meu problema com a ansiedade primeiro". Então ele entendeu: "Bem, acho que vou me sentir ansioso de qualquer maneira. Não fui treinar hoje e me sinto ainda pior do que ontem, mas pelo menos se for treinar não perderei mais nada".

E é isso. Se você fizer suas escolhas *apesar da ansiedade*, estará retomando o controle de si mesmo e de suas ações – estará retomando o controle de seu mundo. Estará livre. Livre para se esforçar para se tornar um jogador de futebol universitário, fazer amizades mais íntimas, apaixonar-se, viajar, ser espontâneo, fazer os testes finais para obter o diploma, fazer aquele exame médico que pode salvar sua vida, falar na reunião para seu chefe lhe dar a promoção, começar um novo negócio, planejar uma festa.

A ansiedade não desaparecerá, mas não será mais um chefe tirânico – você, sua verdadeira natureza, será o chefe.

ESTRATÉGIA: OBSERVE SEUS PENSAMENTOS

Use este exercício de atenção plena para se conectar melhor com a parte de você – o observador – que está separada de seus sentimentos e pensamentos ansiosos.

1. Sente-se em silêncio e confortavelmente. Torne-se um observador de seus pensamentos e sensações. Você não está oprimido por sua experiência e não a está afastando ou julgando. Sua experiência simplesmente é o que é.

2. Observe que cada pensamento é substituído por outro... e outro... e outro. É como se deitasse de costas no chão para observar o céu e rotular as formas e nuances variadas das nuvens: "nuvem difusa", "nuvem de fumaça", "nuvem em forma de pássaro". Observe seus pensamentos conforme eles vêm e vão e nomeie-os: "pensamentos preocupados", "pensamentos de medo", "pensamentos de planejamento", "pensamentos felizes".

ACEITAÇÃO E APROXIMAÇÃO 117

3. Nomeie suas observações à medida que surgirem, usando as frases a seguir. Essas frases são maneiras de separar seu eu observador de suas emoções e pensamentos:

- "Estou ciente de que estou pensando que _____."
  Exemplo: Eu sou ruim/fraco/um fracasso...

- "Um sentimento de _____ se apoderou de mim."
  Exemplo: tristeza/medo/mágoa/dor/alegria

- "Estou experimentando o pensamento de _____."

- "Percebo uma voz que me diz _____."

- "Estou percebendo uma sensação de _____."

- "Estou percebendo uma sensação física de _____."

ESTRATÉGIA: EXPOSIÇÃO *IN VIVO*

In vivo é apenas uma maneira elegante de dizer "na vida real" e, para nossos propósitos, significa que você precisa vivenciar as situações pelas quais está passando. A ansiedade ditou várias escolhas e fez com que você perdesse oportunidades. Evocar seus medos em tempo real, abordando o que você geralmente evita, mostrará que pode trabalhar a ansiedade no momento e passar para o outro lado. O que há do outro lado? Uma vida cheia de experiências que você valoriza.

Escolha algo que você evitou por muito tempo devido à ansiedade. Deve ser algo difícil, mas que você consegue se imaginar fazendo. Pode ser ligar para um amigo ou familiar, ir a algum lugar, falar em público, pedir algo de que precisa, dizer algo que gostaria de ter dito há muito tempo. Faça a tarefa lentamente. Lembre-se de que a ansiedade estará lá conforme você avança e está tudo bem. Veja como fazer:

1. Tome uma atitude: faça algo de que tem medo e tem evitado e que o impede de obter algo importante para você.

2. Controle a resposta de luta ou fuga: reduza a excitação fisiológica prestando atenção à sua respiração. Faça cada expiração mais longa do que a anterior.

3. Apoie-se: diga a si mesmo, à medida que avança em direção ao seu objetivo e sente aquela onda de ansiedade: "Eu posso e vou conseguir. Eu posso e vou conseguir. Eu posso e vou conseguir... ".

ESTRATÉGIA: COMO VOCÊ SE SENTIU?

Quando estamos ansiosos, não nos concentramos o suficiente no alívio e até no prazer que sentimos quando superamos a ansiedade e chegamos ao outro lado. Reserve um momento agora para estar ciente do bem que alcançou ao se expor à situação que evitou anteriormente e ter certeza de que pode fazer isso novamente.

- Você sente algum alívio em seu corpo?

- Você sente algum prazer ou orgulho em saber que conseguiu?

- Tirou algo bom disso?

- Consegue se imaginar fazendo isso de novo ou algo semelhante?

- O que faz você se sentir melhor consigo mesmo: enfrentar seus medos ou evitar/fugir deles?

Desistindo da luta

É tentador viver a vida em um estado constante de necessidade de desejo. Não queremos mais sentimentos aborrecedores ou ansiosos. Desejamos vencer. Queremos ser melhores. Desejamos estar livres da dor e repletos de prazer. E nos censuramos quando não alcançamos o que almejamos. Essa mentalidade pode tornar a vida uma corrida sem fim para alcançar nossos objetivos e nos fazer sempre buscar algo mais. No fundo, acreditamos que um dia essa luta vai acabar com todo o nosso sofrimento e dará um fim ao anseio de sempre querer mais e de sempre se sentir mal.

Essa crença é uma fantasia que incentiva a ansiedade a florescer. Algum nível de ansiedade sempre vai existir. Acreditar que de alguma forma ela pode ser controlada ou eliminada impede as pessoas de ter uma melhor qualidade de vida aqui e agora.

Veja, por exemplo, o planejamento de férias. Você pode optar por pensar no planejamento com ansiedade, frustração ou como uma complicação. Pode ficar preocupado com o fato de não conseguir fazer o que deseja na viagem, com os voos e pensar se todo o planejamento não irá tomar um tempo que poderia estar dedicando a outras coisas. Às vezes, você pode até dizer a si mesmo: "Não vale a pena todo esse planejamento para essa viagem, ah, desisto!". Já durante a viagem, você pode estar tão desgostoso ou aborrecido com o planejamento e as malas que nada o deixará feliz. Então volta para casa insatisfeito e frustrado e promete fazer uma viagem melhor e mais bem organizada no futuro.

Como alternativa, você pode aceitar o processo de planejamento – até mesmo acolhê-lo. Já que tem de fazer o planejamento de qualquer maneira, então pode muito bem se divertir com isso. Pode evocar uma sensação de excitação e imaginar o prazer que terá durante a viagem enquanto a planeja. Você pode passar um tempo olhando fotos, lendo artigos e elaborando uma agenda. Ao encontrar contratempos, pode ser flexível e pensar em outras maneiras de ainda aproveitar muito a viagem.

Lidar com a ansiedade é semelhante, pois há uma escolha: por um lado, você pode perder o momento presente e sucumbir à ansiedade ou mesmo à autocrítica por *sentir-se* ansioso. Em contrapartida, pode abrir espaço para uma experiência maior de si, não apenas como uma pessoa ansiosa. Se escolher a segunda opção, quando os contratempos chegarem, ajuste-se à nova onda como um surfista ágil, ou dê uma guinada em uma direção diferente. Faça isso e a presença inevitável da ansiedade não o dominará nem roubará de você as experiências enriquecedoras que merece.

Explore sua luta

Reserve um tempo para se sentar e escrever sobre como é a sua luta contra a ansiedade. Aqui estão algumas instruções para direcionar sua redação:

- Escreva sobre as maneiras como tentou combater a ansiedade. Por exemplo, tentar antecipar o medo/dúvida/preocupação; fazer escolhas na esperança de que elas mantenham a ansiedade sob controle; investir tempo na resolução de problemas sobre situações que não podem ser resolvidas; tentar ter certeza das incertezas inevitáveis da vida.

- Muitas pessoas se culpam. Considere as vezes em que pode ter sido muito duro consigo mesmo – crítico e autocrítico – porque acredita que "não deveria" estar lutando contra a ansiedade.

- Considere quantos dias, semanas e anos foram consumidos pela ansiedade. Como seria desistir dessa luta e aceitar a ansiedade? O que você faria com esse espaço mental livre que ganharia?

- Ao escrever, veja se consegue se conectar com um sentimento de compaixão por si mesmo e com o que teve de suportar em sua luta.

ESTRATÉGIA: ENFRENTE EMOÇÕES DIFÍCEIS

Essa estratégia é uma forma de tentar desistir da luta contra suas emoções. Em vez de lutar contra elas, você vai realmente se debruçar em quaisquer emoções que possa estar experimentando – as agradáveis e as desagradáveis. Tente realmente convidar a ansiedade (e outros sentimentos desagradáveis) a tomar conta de você.

1. Sente-se confortavelmente em um local tranquilo. Quando a ansiedade surgir, em vez de lutar contra ela ("Isso é errado", "Pare"), deixe o controle de lado e desista da luta. Receba a ansiedade de braços abertos: "Sim, vejo você, ansiedade, e há espaço para você aqui comigo". Enfrente os surtos de desconforto ou preocupação com uma aceitação terna. Você pode aceitar seus sentimentos, mesmo que eles lhe causem desconforto.

2. Você não está tentando mudar o sentimento, afastá-lo ou mantê-lo presente. Você está ciente do que quer que seja, *da forma como é*. Você está abrindo mão do controle em favor da consciência.

3. Ao se sentir ansioso, pergunte-se: "O que mais pode ter aqui?". Explore as emoções mais profundas que podem estar escondidas sob sua ansiedade. Muitas pessoas ansiosas não sofreram de fato por algo de seu passado nem reconheceram totalmente as dificuldades pelas quais passaram. Por exemplo, talvez você esteja ansioso

ACEITAÇÃO E APROXIMAÇÃO   123

com a possibilidade de seu companheiro deixá-lo. Vá mais fundo; a que em seu passado essa preocupação está conectada? Você se lembra da primeira vez que ficou ansioso quando alguém o deixou? Talvez esse sentimento se deva ao divórcio de seus pais e à mudança de casa de seu pai. Agora, convide essa tristeza ou raiva; veja se consegue perceber onde a sente em seu corpo. Mantenha esses sentimentos com você.

4. Trabalhe para descobrir a fonte da emoção à qual cada ramo da ansiedade pode estar ligado. Muitas vezes, chegar à fonte, onde a emoção se apresentou pela primeira vez, pode aliviar totalmente os sentimentos de ansiedade. Diga aos sentimentos que eles são bem-vindos aqui com você. Valide-os como reais e dignos de sua atenção.

ESTRATÉGIA: LEVE SUA ANSIEDADE CONSIGO

Se você é como muitas pessoas ansiosas, o medo e a apreensão o fazem parar no meio do caminho. Você sente como se tivesse que esperar a ansiedade passar antes de poder continuar sua vida. Na verdade, é o oposto: para que sua ansiedade diminua, *siga em frente com sua vida*!

- Reserve um momento para identificar e estar ciente de sua ansiedade. Em seguida, faça uma atividade, uma tarefa ou um passeio. Não precisa ser um evento que dure o dia inteiro. (Você pode trabalhar nisso.) Até mesmo ir ao supermercado ou resolver algumas pendências enquanto está ansioso pode ajudar.

- Certifique-se de finalizar completamente aquilo com que se comprometeu. Em outras palavras, não desista quando estiver no supermercado ou depois de completar uma tarefa. Lembre-se de que você pode ficar ansioso em qualquer lugar; portanto, é melhor fazer algumas coisas enquanto ainda está ansioso (o que pode ajudá-lo a ficar menos ansioso mais tarde).

- Depois de concluir a tarefa, observe se a sua ansiedade diminuiu. Mesmo que não tenha diminuído, parabenize-se por ter feito o que precisava fazer apesar dela. Repita quando tiver oportunidade.

EM RESUMO

- Aceitar que sempre haverá um vai e vem de ansiedade é libertador.

- Parar a luta contra a ansiedade cria espaço para uma vida enriquecedora.

- Identificar seus valores e objetivos maiores aumentará sua qualidade de vida.

- Fazer escolhas e agir com base nessas metas maiores, apesar de sua ansiedade, é fortalecedor.

- Aceitar totalmente a ansiedade alivia a ansiedade.

CAPÍTULO SETE

Colocando as estratégias em prática

Implementar técnicas de ansiedade na rotina significa que você pode começar a fazer escolhas por si mesmo que refletem seus objetivos e valores maiores, apesar da ansiedade. *Você não é mais apenas uma pessoa ansiosa; você é uma pessoa que, junto com a ansiedade, tem uma vida rica e significativa. Aqui estão algumas maneiras de transformar as estratégias que está aprendendo em hábitos consistentes que enriquecerão sua vida a longo prazo.*

Das estratégias aos hábitos

O uso repetido dessas técnicas de maneira estruturada e determinada lhe proporcionará um alívio muito além do controle dos sintomas. Considere a tarefa desafiadora de parar de fumar. Os fumantes dizem que geralmente leva três meses para os sintomas de abstinência da nicotina deixarem o corpo. Esses três meses exigem um esforço deliberado para adotar um novo padrão de aprendizagem, mas as recompensas claramente superam o esforço. Três meses não é nada comparado a uma vida mais longa, saudável e satisfatória.

Da mesma forma, veja o exemplo de Julia. Julia sentia-se extremamente ansiosa ao dirigir em rodovias congestionadas e com limites de velocidade altos. Cada vez que ela dirigia em uma rodovia, o mesmo padrão neuronal era disparado e logo vinha um ataque de pânico. A mente de Julia rodava com possíveis resultados ruins. Com o tempo, apenas a ideia de dirigir em uma rodovia gerava pânico. Por fim, ela parou de dirigir em rodovias.

No momento, evitar o que nos deixa ansiosos parece a solução. No longo prazo, a evitação aumenta a ansiedade. Com o tratamento, Julia se comprometeu a superar a ansiedade. Ela começou visualizando-se dirigindo e lidando bem com a situação. Ela também praticou a respiração profunda para controlar a resposta de lutar ou fugir e adotou uma voz interior de apoio: "Eu posso e vou passar para o outro lado". A princípio, a velha reação de ansiedade voltou. Ela perseverou. Após duas semanas, ela voltou a dirigir em rodovias. Depois de dois meses, estava regularmente ao volante e relatou que sua ansiedade havia caído de 10 para 5 em uma escala de 1 a 10.

Julia persistiu. Não apenas seus sintomas melhoraram, mas sua qualidade de vida também. Ela agora podia visitar a mãe e amigos quando bem quisesse. E o mais importante: ela se sentia a mulher independente e capaz que sempre soube que era.

Planejamento

Reconsidere quando irá integrar as técnicas que planejou no capítulo 4 à sua rotina diária. Se você já começou a fazer isso, talvez seu planejamento esteja funcionando. Se ainda não começou a usar as estratégias regularmente, analise se fez um plano realista. Por exemplo, se você se comprometeu a praticar as estratégias por 20 minutos no final do dia e não está conseguindo, talvez duas sessões de 10 minutos sejam uma forma melhor de começar.

Seja flexível e aberto a novas formas de estruturar sua vida, mas reserve um tempo, de preferência um pouco a cada dia, para trabalhar na redução da ansiedade.

Acompanhe seu progresso

É importante para a evolução de longo prazo ter um sistema por meio do qual monitore, de preferência todos os dias, as estratégias que está usando e a intensidade de sua ansiedade.

Logo abaixo, há um exemplo de uma maneira rápida e fácil de acompanhar seu progresso. A cada dia, verifique as estratégias dos capítulos 5 e 6 que você usou.

Além disso, certifique-se de avaliar sua ansiedade durante o dia, usando uma escala de 1 a 10, sendo 1 totalmente relaxado e 10 totalmente sem controle. Por exemplo: a escala de 1 a 10 é uma maneira de olhar para trás e observar seu progresso. No início, você pode ter algumas notas 8 ou até mesmo 10, mas, idealmente, ao longo de um mês, você terá mais dias com notas 5 ou até 4.

ESTRATÉGIA	SEG.	TER.
O que você está evitando?	✓ 4	
Por que você está evitando isso?		
Identifique alvos		✓ 5
Controle a luta ou fuga	✓ 3	
Enfrente seu medo		
Conheça novas pessoas		
Aprenda a tolerar a incerteza		
Aceitação		✓ 7
Defina seus valores		
Ação comprometida		
Imagine uma situação	✓ 1	
Pare de perder oportunidades		
Observe seus pensamentos		✓ 5
Exposição *in vivo*		
Como você se sentiu?	✓ 9	
Enfrente emoções difíceis		✓ 4
Leve sua ansiedade consigo		
Avalie sua escala de ansiedade de 1 a 10	✓ 7	

QUA.	QUI.	SEX.	SÁB.	DOM.
		✓ 2		
	✓ 3			✓ 3
✓ 2				
		✓ 7		
✓ 1				
			✓ 2	
	✓ 7			
				✓ 2
✓ 3			✓ 3	
		✓ 1		
	✓ 2			
✓ 9				✓ 5
		✓ 9		✓ 1
	✓ 7			

Estabeleça objetivos

Quando o bicho pega e você realmente tem de começar a implementar seu plano, a dúvida começa a surgir. A dúvida é inimiga da inspiração e da mudança. É muito tentador recorrer a desculpas: "É muito difícil", "Vai levar uma eternidade", "Isso vai ser horrível". Se deixar isso acontecer, a energia mental necessária para melhorar será diminuída.

Você quer se livrar de sua luta contra a ansiedade, e é por isso que está lendo esta página agora. No entanto, para muitos, a ideia de mudança traz sentimentos conflitantes. Sim, há esperança de algo melhor, mas também existe o medo de não conseguir chegar lá. Quando a dúvida surgir, lembre-se de que a *ansiedade é altamente responsiva a tratamento*. As pessoas que praticam regularmente essas técnicas em geral melhoram. A necessidade de esforço não significa que os resultados não virão, mas que exigirá trabalho.

Aproveite o momento para definir algumas metas para si mesmo com base no que leu nos capítulos 5 e 6. Essas metas devem ser objetivos gerais aos quais você pode voltar sempre para se motivar a manter o foco. Talvez você reconheça o que já perdeu por causa do comportamento de evitação e não queira mais perder. Ou talvez tenha se tornado mais consciente do que é significativo e valioso em sua vida e estabelecido a meta de dar espaço para esses valores, independentemente de sua ansiedade.

ESTRATÉGIA DO DIA

Escolha algumas estratégias desta seção que você pode incorporar no dia a dia. Por exemplo, uma excelente estratégia diária que oferece uma boa base é "Observe seus pensamentos" (p. 117).

Sente-se em silêncio, mesmo que seja por cinco minutos, e observe seus pensamentos, da mesma forma que observa as nuvens no céu. Os pensamentos chegarão e depois irão embora – você não precisa reagir a eles, apenas observá-los. Ou sente-se em silêncio e pratique a aceitação de algo que o esteja incomodando, ou ainda receba sua ansiedade e aceite os sentimentos e as sensações que ela lhe traz.

Outra estratégia que ajuda muito é a "Leve sua ansiedade consigo" (p. 124). Nesse caso, você se compromete a cumprir tarefas e compromissos, mesmo quando está ansioso. Você simplesmente diz à ansiedade: "Tudo bem, sei que você está aí, mas vai ter que vir comigo hoje!".

ESTRATÉGIA DA SEMANA

Escolha algumas estratégias mais abrangentes que você possa aplicar em sua rotina pelo menos três vezes esta semana.

Um bom começo e que vai melhorar imediatamente seu humor e diminuir sua ansiedade é dedicar algum tempo a cada semana a ações comprometidas – por exemplo, passar um tempo com um familiar querido ou ser voluntário em um abrigo local ou centro de resgate de animais. Praticamente qualquer ação, por menor que seja, que corresponda a seus valores irá inspirá-lo e também diminuir sua ansiedade, mesmo que apenas ligeiramente.

Crie seu calendário semanal de estratégias

Revisite o calendário de estratégias semanais que você criou no capítulo 4 (p. 70). Reserve um momento para examinar o mês atual. Se ainda não o fez, anote os compromissos profissionais, sociais e familiares.

As pessoas fazem grandes progressos simplesmente ao se comprometer a usar uma estratégia todos os dias. Pode ser uma estratégia simples/fácil, mas a rotina diária ajuda a tornar o hábito mais automático aos poucos. Anote uma estratégia que viu nos capítulos 5 e 6 e com a qual você deseja se comprometer todos os dias do mês. Quando perceber que perdeu um ou alguns dias, o que pode acontecer às vezes, continue de onde parou.

Avalie o que está por vir destacando digital ou manualmente três áreas em seu calendário: vermelha, amarela e verde. As áreas vermelhas são aquelas mais alimentadas pela ansiedade; as verdes são aquelas em que você espera estar bastante à vontade e se sentir menos pressionado, e as amarelas são o meio-termo, em que você imagina que não se sentirá nem muito ansioso nem muito relaxado.

Agora, analise seu calendário e observe quanto do seu mês está vermelho e quanto está verde. Se houver uma predominância da cor vermelha, você provavelmente tem muito receio de suas atividades, o que não é uma boa maneira de viver. Uma das melhores formas de melhorar o humor é ter coisas pelas quais almejar. Você consegue reduzir as áreas vermelhas em seu calendário e aumentar as verdes? Mesmo algumas poucas mudanças já podem fazer uma diferença notável.

Nos dias ou horários em que você antecipa um gatilho de ansiedade ou vê uma área vermelha em seu calendário, anote uma ou algumas estratégias que acha que serão particularmente adequadas para esse gatilho específico. Por exemplo, se for um encontro social temido, você pode anotar em sua agenda que deve "praticar a aceitação" ou "praticar ser assertivo em situações sociais". Se for algo que deseja evitar, mas precisa fazer, você pode praticar a "exposição imaginária", em que se visualiza na situação que deseja evitar.

Autoanálise

Uma das razões pelas quais a psicoterapia semanal é tão eficaz no tratamento da ansiedade é que as consultas regulares servem como uma dica para o cérebro, um lembrete do objetivo final – uma sensação de paz e bem-estar – e das ferramentas necessárias para chegar lá. Você pode fazer isso por conta própria, mas comprometa-se a analisar-se com frequência. Use esse tempo para observar seu progresso e analisar o que poderia ajustar ou fazer de forma diferente para obter ainda mais sucesso. O segredo é ser flexível e tentar as coisas de maneira diferente se sua ansiedade não estiver melhorando, mas não desistir. Esse processo requer flexibilidade e paciência, mas você ganhará tranquilidade e calma.

Como você tem feito?

Comece refletindo sobre como você está se saindo a cada dois dias. Então, quando notar que os sintomas estão melhorando, faça isso uma vez por semana e depois mensalmente.

- Quão bem-sucedido você foi com seus objetivos diários?
- Como estão suas metas semanais?
- Com base em uma escala de 1 a 10, está percebendo alguma melhora em seus sintomas?

No início, a melhora pode ser sutil, mas qualquer diminuição da intensidade de sua ansiedade, mesmo que tenha passado de 8 para 7, por exemplo, é uma melhora. Se não foi tão bem-sucedido quanto gostaria, tente agora de forma diferente. Lembre-se de que você quer melhorar e de que pode e vai conseguir.

APEGUE-SE A ISSO

É preciso prática para integrar novas rotinas de redução da ansiedade em seu pensamento habitual e na vida cotidiana. A perseverança exige que você não se culpe por contratempos. Sempre que fazemos uma mudança ou aprendemos algo novo, enfrentamos decepções e obstáculos. Use os contratempos como ferramentas de aprendizagem que lhe ensinam o que fazer diferente na próxima vez. Então, comece novamente.

Não importa o momento, o dia ou a semana, o segredo é não desistir. Você pode recomeçar a qualquer hora. Cultive a paciência e a compaixão por você mesmo. Você é corajoso por se dedicar a mudar sua vida. E será recompensado pelo seu trabalho!

SEÇÃO

pensamentos

O que você aprenderá nesta seção

Mais uma vez, lembre-se do triângulo "Emoções", "Comportamento" e "Pensamentos". Como vimos, trabalhar em qualquer vértice desse triângulo mudará os outros dois. Nesta seção, vamos aliviar seus padrões de pensamento ansiosos e repetitivos. Ter pensamentos ansiosos significa que você é frequentemente inundado por pensamentos repetitivos e invasivos. Você quer desligar a mente, mas esses pensamentos catastróficos ou preocupados não param de chegar. Sentir-se mentalmente tenso, por sua vez, alimenta sentimentos de ansiedade e comportamentos de evitação.

Por exemplo, imagine que você foi convidado para a festa de aniversário de um amigo. Você pode imediatamente pensar algo como: "Ninguém vai falar comigo se eu for. Vou me sentir estranho". Se tiver esse pensamento com bastante frequência, ou apenas acreditar o suficiente nele, pode deixar de ir à festa, mesmo que goste desse amigo e não queira faltar ao compromisso. Ou, se você for à festa, seu pensamento ansioso pode incomodá-lo o tempo todo, tornando-a um suplício em vez da experiência divertida que deveria ser.

As estratégias desta seção o ajudarão a desafiar os tipos de pensamentos ansiosos que interferem em sua qualidade de vida. Espero que este capítulo lhe ensine que você não pode acreditar em tudo o que pensa. Exploraremos por que muitas vezes precisamos desafiar nossos pensamentos e você aprenderá estratégias específicas que podem ser usadas para fazer exatamente isso.

CAPÍTULO OITO

Pensamentos *versus* realidade

Não acredite em tudo o que pensa

Você, sua resiliência e sua capacidade de crescimento são na verdade muito mais fortes do que seus pensamentos ansiosos – embora provavelmente não pareça na maioria das vezes. Para a mente ansiosa, uma onda de preocupação pode surgir em questão de minutos, fazendo aquilo que começou como um pensamento passageiro se tornar uma verdade absoluta em sua cabeça. Se observar seus pensamentos com atenção, você se pegará indo a extremos e fazendo generalizações.

Imagine que você recebeu uma multa por uma pequena infração no trânsito e então pensa: "E se eu sofrer um processo?". A ansiedade rapidamente evolui para: "Eu *vou* ser processado!". Ou imagine que você recebeu um *feedback* negativo no trabalho e pensou: "Meu chefe não gosta do meu trabalho". Então, a ansiedade surge e o pensamento se torna: "Vou ser demitido". Ou você percebe que sua mãe não retornou suas ligações e se pergunta por quê. A ansiedade transforma o pensamento em: "Ela deve ter sofrido um acidente". Ou você percebe que seu parceiro ainda não respondeu uma mensagem e se preocupa: "Ele(a) não se importa mais comigo", seguido logo por "Ele(a) está me deixando!". Esse padrão de levar um pensamento simples e preocupante ao extremo também pode ser iniciado por uma sensação física: "Meu coração está batendo rápido... Devo estar tendo um ataque cardíaco!". Há inúmeros lugares assustadores e improváveis a que seus pensamentos ansiosos o levarão, mas apenas se você permitir! Acredite ou não, você pode intervir e desacelerar esse processo.

Imaginar catástrofes e cenários extremos é emocionalmente desgastante e nos impede de estarmos totalmente presentes no aqui e agora. No entanto, podemos aprender a ordenar nossos pensamentos de forma que coisas como especulações exageradas e pensamentos em preto e branco sejam movidas para a pilha de "descarte", pelo menos até que você tenha evidências sólidas de que esses pensamentos são realistas. Comece a separar os pensamentos úteis dos inúteis, reservando um pouco de tempo (mesmo que apenas alguns momentos) para diminuir o ritmo e tomar consciência do que está pensando antes de reagir.

Quando diminuímos o ritmo, criamos espaço para observar nossos pensamentos e ver se eles são tão realistas quanto podem parecer inicialmente. Portanto, o pensamento "Vou ser demitido" torna-se "Estou achando que vou ser demitido". O pensamento: "Minha namorada vai terminar comigo" torna-se "Acho que ela vai terminar comigo". Assumir uma postura mais curiosa e observadora abre espaço para desafiar a exatidão de seus pensamentos e pesar sobre a utilidade deles para você.

ESTRATÉGIA: "PENSANDO SOBRE" *VERSUS* "EXPERIMENTANDO"

Essa estratégia desafia seus pensamentos de uma nova maneira. O exercício foi elaborado para ajudá-lo a distinguir entre sua experiência real e sua interpretação do que está experimentando. Quando observamos e não pensamos demais, ficamos livres da ansiedade.

1. Traga toda a sua atenção para seu batimento cardíaco. Coloque a mão no coração. Ou observe se consegue voltar sua consciência para dentro e realmente sentir as batidas no peito.

2. Diferencie os pensamentos da experiência. Os pensamentos podem ser: "Não consigo encontrar meu batimento cardíaco", "Meu coração está batendo muito rápido" ou "Estou preocupado, tenho um problema cardíaco". Em vez de julgar ou analisar seus batimentos cardíacos, experimente-os, tome consciência de seu ritmo. Qual é sua impressão ao senti-lo na palma da mão?

3. Como encontrar a batida de uma música, sua consciência é menos focada no pensamento ("Será que entendi a letra?") e mais na experiência ("Thump, thump, thump").

4. Sinta o peito subir e descer no ritmo dos batimentos cardíacos. Veja se você consegue notar como seus batimentos cardíacos diminuem conforme você os observa ou aumenta conforme você fica preso em seus pensamentos.

ESTRATÉGIA: REGISTRE SEUS PENSAMENTOS

Manter um registro de seus pensamentos é uma estratégia poderosa para escapar da espiral de ansiedade. Em vez de esses pensamentos rodarem em sua cabeça, escrevê-los é uma forma de examiná-los de maneira mais realista e menos emocional. Esse tipo de reflexão o coloca no controle de seus pensamentos, em vez de seus pensamentos controlarem você. Então, você não estará mais reagindo a pensamentos irrealistas e exagerados que apenas aumentam sua ansiedade.

Use este exercício quando perceber que está ansioso para que possa compreender melhor e o mais cedo possível seus pensamentos, antes que se acumulem. Esta estratégia também ajuda ao revisitar um momento de ansiedade depois de ter acontecido.

Identifique uma situação/interação/imagem/fluxo de pensamento que causa ansiedade para você.

- O que é/foi mais difícil nessa situação?

- Qual é/foi o seu medo nessa situação?

- Qual é/foi o pior cenário imaginado?

- Que pensamentos estavam passando por sua mente durante ou depois do evento, ou mesmo agora, à medida que o revê?

- Avalie o quanto acredita em cada um desses pensamentos. (Use uma escala de 1 a 10, em que 1 significa não acredito em nada e 10 acredito completamente.)

Volte a este exercício em um ou dois dias, ou mesmo algumas horas depois, e reveja o quanto acredita nesses pensamentos agora.

Quando seus pensamentos trabalham contra você

Quando somos apanhados com pensamentos ansiosos, esses pensamentos *parecem* inteiramente reais e precisos e, portanto, nos mantêm ligados a eles. Na verdade, a mente ansiosa não é tão boa em diferenciar o real do irreal. Neste mundo virtual, nos sentimos tão ansiosos e assustados como se nosso medo fosse baseado em algo que realmente está acontecendo. No entanto, na realidade, nada de terrível está acontecendo e pode haver pouca ou nenhuma chance de nossos temidos cenários ocorrerem de fato.

Há uma série de preconceitos a que todos nós estamos propensos que intensificam a ansiedade. Familiarizar-se com esses "erros de pensamento" o ajudará a detectar padrões exagerados ou imprecisos. Aqui estão alguns mais comuns:

Pensamento tudo ou nada: As coisas são boas ou ruins; você é perfeito ou um fracasso.

Generalizante: Se algo negativo acontecer em uma situação, significa que acontecerá em todas as futuras situações semelhantes.

Catastrófico: Você vê o futuro com grande negatividade e prevê desastres em vez de possibilidades mais realistas.

Rotulador: Você aplica um rótulo fixo e global em você ou em outras pessoas, sem qualquer contexto. ("Sou um perdedor", "Sou ruim", "Sou inadequado", "Sou um fardo")

Devo ou não devo: Você tem expectativas rígidas sobre como *deve* ou *não deve* agir, e, quando essas expectativas irracionais não são atendidas, você prevê consequências terríveis.

Cada vez que identifica com sucesso um erro de pensamento, sua ansiedade diminui, porque você é capaz de ver a situação atual de forma mais realista ou, pelo menos, entender outras possibilidades.

ESTRATÉGIA: TÉCNICA DA SETA DESCENDENTE

A técnica da seta descendente é eficaz para identificar que crença mais profunda você tem sobre si mesmo que está desencadeando – e impulsionando – seus pensamentos ansiosos. Na terapia cognitivo-comportamental, as crenças centrais são descritas como seus principais pensamentos sobre você mesmo e o significado que você atribui às dificuldades comuns que todos enfrentamos. Quando uma crença central é ativada, seu cérebro vai para um modo em que você recebe apenas informações que apoiam a crença e desconsidera qualquer coisa que possa desafiá-la. Isso o prende em um ciclo de pensamentos tendenciosos gerados por essa crença central.

Quando você está preso a crenças centrais negativas, torna-se difícil pensar de forma realista sobre os eventos de sua vida. Aprender a identificar e desafiar nossas crenças centrais significa que essas ideias falhas não tomam mais decisões por nós.

As crenças centrais negativas normalmente se enquadram

em duas categorias gerais: crenças associadas com *desamparo* e crenças associadas com *desamor*. Veja se algum dos exemplos a seguir parece familiar para você.

Exemplos de crenças centrais associadas com o desamparo

Eu sou um fracasso.

Nada do que eu fizer fará diferença.

Estou desprotegido.

Sou inadequado.

Eu sou fraco.

Exemplos de crenças centrais associadas ao desamor

Eu sou indigno.

Eu sou mau.

Eu sou desagradável.

Eu sou indesejado.

Eu não sou bom o suficiente.

A técnica da seta descendente o ajuda a olhar além da superfície de seus pensamentos ansiosos para ver o que realmente os está impulsionando. Para encontrar suas crenças básicas, registre seus pensamentos ansiosos e pergunte-se: "Se esse pensamento fosse verdadeiro, o que significaria sobre mim como pessoa?".

Vamos usar os pensamentos ansiosos de Ava como exemplo:

"Estou preocupada que não vou conseguir concluir meu relatório a tempo. Fico prevendo cada movimento meu. Literalmente não consigo parar de ficar obcecada com o trabalho, mesmo por alguns momentos."

Aqui está a técnica da seta descendente:

O que não conseguir terminar o relatório quer dizer sobre você como pessoa?

"Que estou decepcionando minha equipe."

O que decepcionar sua equipe quer dizer sobre você?

"Que meus colegas não me respeitarão."

O que a falta de respeito por parte de seus colegas quer dizer sobre você?

"Que eu falhei."

Isso reflete uma crença central de desamparo. No fundo, Ava acredita que ela é inadequada como pessoa. Provavelmente está subestimando sua competência (há mais sobre isso adiante).

Pegue seu caderno e tente o seguinte exercício para entender suas crenças básicas.

Identifique uma situação/interação/imagem/fluxo de pensamento que causa ansiedade em você.

1. Registre os pensamentos de medo/ansiedade que você tem sobre determinada situação/interação/imagem/fluxo de pensamento (ou reveja o que você registrou para a estratégia "Registre seus pensamentos" na p. 148).

2. Para cada pensamento listado, pergunte-se: "Se esse pensamento for verdadeiro, o que isso significa sobre mim como pessoa?".

3. Cada vez que você entender o que esse pensamento significa sobre você, anote-o.

4. Em seguida, faça a si mesmo a mesma pergunta sobre os novos pensamentos listados: "O que esse pensamento quer dizer sobre mim como pessoa caso seja 100% correto?". Em seguida, repita o processo para o próximo pensamento. Eventualmente, você irá afunilar até uma crença central.

Vejamos outro exemplo dessa técnica, agora com Ahmed. Ao falar com outras pessoas, Ahmed parece calmo e controlado, mas internamente avalia cada palavra sua. Durante um encontro ou evento social, ele acha que parece ser esquisito. A técnica da seta descendente, nesse caso, é a seguinte:

Se seu parceiro te achar estranho, o que isso quer dizer sobre você?

"Que eu estraguei tudo. Perdi a oportunidade."

O que estragar uma oportunidade como essa quer dizer sobre você?

"Que as pessoas vão continuar desistindo de mim."

O que desistir de você quer dizer sobre você?

"Que eu desaponto as pessoas."

O que desapontar as pessoas quer dizer sobre você?

"Que ninguém vai me querer."

Isso reflete uma crença central de desamor. No fundo, Ahmed acredita que ninguém vai amá-lo.

Depois de usar a técnica da seta descendente com vários de seus pensamentos ansiosos, você verá certas crenças básicas surgirem repetidamente. O próximo passo é começar a desafiar essas ideias profundamente enraizadas que carrega sobre você mesmo.

ESTRATÉGIA: TESTE SUAS CRENÇAS CENTRAIS

Neste exercício, vou tirá-lo de sua zona de conforto para que possa analisar se suas crenças centrais são tão precisas quanto parecem para você. Quero que você literalmente saia pelo mundo e teste suas crenças centrais – veja se elas realmente se sustentam na realidade.

Se perceber que na raiz de seu pensamento ansioso está um medo profundo de não ser amado, saia e converse com outras pessoas, junte-se a um grupo, faça questão de passar um tempo regular com alguém ou até mesmo pergunte a outras pessoas se elas gostam de você.

Se você reconhece uma crença central de que é incompetente/desamparado, saia e execute uma tarefa nova, mas factível: inscreva-se em um curso, crie algo, limpe a casa, organize um armário, construa ou conserte algo, leia um livro até o fim.

À medida que avança no exercício, insira um pensamento diferente (mesmo que ainda não acredite nisso!). Pode ser simples como "Sou capaz" ou "Posso ser querido". Esteja aberto a novas informações e àquelas que você possa ter deixado passar, mas que correram bem ou de forma diferente da que esperava. Em seguida, modifique suas crenças sobre você de forma adequada.

Identificando padrões de pensamento negativo

Desenvolver a consciência de seus padrões de pensamento negativo o ajudará a dar os passos necessários para que se sinta melhor o quanto antes. Quando perceber que está ansioso, pare e avalie o momento. Escreva suas respostas às questões a seguir em seu caderno para que possa investigá-las.

- Que cenário causa ansiedade em mim, incluindo situações, interações, eventos e imagens?

    Exemplo: Cada vez que meu chefe é rude comigo, eu me afasto, porque me sinto ansioso e preocupado por não ser bom o suficiente no trabalho.

- Que pensamentos ansiosos estou tendo (ou tive) sobre esse cenário?

    Ele não gosta de mim.

    Ele vai me dar menos trabalho e me tornar substituível.

    Vou me tornar inútil no trabalho.

- Como meus pensamentos podem ser distorcidos (rótulo "erros de pensamento")?

  Catastrófico

  Generalizante

  Pensamento tudo ou nada

- Se meus pensamentos mais temerosos forem verdadeiros, o que isso quer dizer sobre mim?

  Vou perder meu emprego.

  Vou sentir vergonha.

  Não vou cumprir minhas metas de trabalho.

  As pessoas saberão que sou incompetente.

- Qual crença central foi acionada?

  Desamparo

- Como posso testar minha crença central para saber se deixei passar alguma coisa?

  Na próxima vez que meu chefe for rude comigo, não vou recuar, mas farei perguntas sobre o que ele está procurando para ver se deixei passar alguma coisa.

Com o que você está preocupado?

A preocupação causa um grande impacto em nossas emoções. Influencia o que fazemos e como nos sentimos fisicamente. Podemos passar a existir em um estado de exaustão e tensão muscular. Essa hiperexcitação leva à irritabilidade, dificuldade para dormir e, eventualmente, até à depressão.

Aqui está um exemplo comum que observo com frequência na minha prática psicológica: uma cliente, Emma, tinha a preocupação repetitiva de que corria o risco de ser expulsa do programa de pós-graduação. Cada vez que uma tarefa dava errado ou ela recebia uma nota média, desencadeava uma cadeia de pensamentos incontroláveis. Ela temia que seus professores pensassem que ela era incompetente. Ela se via fazendo perguntas durante a aula e ficando extremamente constrangida. Então ela ficou preocupada com o que os outros alunos pensavam dela. Emma acreditava que não era tão competente intelectualmente quanto seus colegas. Ela se punia por sempre se preocupar: "O que há de errado comigo? Eu estou maluca. Não consigo parar de me preocupar!".

Não importava o quanto Emma trabalhasse para afastar esses pensamentos, eles continuavam surgindo, de novo e de novo. Mesmo o descanso tranquilo era impossível. Ela acordava no meio da noite atormentada por suas preocupações e não conseguia voltar a dormir. Exausta da faculdade e preocupada, não se cuidava, não se alimentava direito nem se exercitava regularmente. Como resultado, passou a se preocupar também com sua saúde física e começou a imaginar que poderia ter uma doença grave.

Todos nós nos preocupamos em algum nível, mas esse pensamento se torna desproporcional quando é persistente e incontrolável. Quando isso acontece, gastamos tempo com um foco interno, e não na vida real. Esse foco é um turbilhão em que nenhuma nova energia ou perspectiva é permitida. O turbilhão distorce a realidade e cria um medo maior.

A preocupação excessiva não resolve os problemas e não é produtiva. Na verdade, a exaustão e o esgotamento emocional nos tornam menos produtivos. Não somos capazes de nos concentrar, fazer planos adequadamente e usar nossa energia e nossos recursos da melhor forma. E, mais uma vez, somos roubados do momento presente.

Em geral, reconhecemos que estamos em um turbilhão quando a ansiedade é intensa. Nesse ponto, pode ser muito difícil escapar. A solução mais rápida é evitar totalmente chegar a esse estágio. O desenvolvimento precoce de uma consciência de alerta que reage antes que a ansiedade fique tão intensa nos protege de ficarmos presos no turbilhão.

ESTRATÉGIA: IDENTIFIQUE SEUS GATILHOS DE PREOCUPAÇÃO

Embora tenhamos a tendência de nos preocupar com as mesmas coisas dia após dia, insistimos em gastar tempo e energia com cada preocupação que surge como se fosse nova e de fato significativa. Nossas preocupações se repetem porque falhamos em resolver problemas e lidar com eles de forma adequada. Identificar as questões mais expressivas que seus pensamentos desencadeiam significa que você pode mudar do pensamento preocupado para a solução de problemas.

A seguir está uma lista dos problemas mais comuns que as

preocupações individuais tendem a desencadear e exemplos de passos/ações a serem executados para resolver cada um deles. Identifique as categorias em que suas preocupações tendem a se enquadrar e veja se consegue definir alguns passos para cada uma delas.

Financeiro

Passo a executar: Desenvolva um orçamento; reúna-se com o consultor financeiro

Trabalho/escola

Passo a executar: Inscreva-se em um curso; procure um orientador

Objetivos

Passo a executar: Revise as expectativas; elas estão muito altas, muito baixas?

Maternidade/paternidade

Passo a executar: Leia um livro para pais; faça aulas para pais

Sua saúde

Passo a executar: Faça uma consulta médica anual e exames de sangue

Saúde dos outros

Passo a executar: Trabalhe para aceitar a incerteza; Eu não posso controlar tudo

Relacionamentos

Passo a executar: Leia um livro sobre relacionamentos

Dieta/exercício

Passo a executar: Consulte um nutricionista; comece a caminhar duas vezes por semana

Autoimagem

Passo a executar: Construa autoestima por meio do voluntariado; frequente a psicoterapia semanalmente

Segurança geral do mundo/comunidade (política, terrorismo, meio ambiente)

Passo a executar: Seja voluntário para um candidato político que defenda suas crenças

Se repetir mentalmente as preocupações o fizesse se sentir melhor, você não continuaria debatendo sobre os mesmos velhos conjuntos de preocupações. Tire o foco de atenção de suas preocupações específicas para considerar como poderia dar um passo prático para ajudar com problemas maiores.

ESTRATÉGIA: RESULTADOS PROVÁVEIS *VERSUS* POSSÍVEIS

Quando somos apanhados na areia movediça da ansiedade, todo e qualquer pensamento preocupante pode parecer intenso e razoável. Hormônios de estresse são liberados, a ansiedade aumenta e fica difícil distinguir o *provável* do *possível*. Em vez de repetir as mesmas preocupações indefinidamente em sua cabeça, escreva o seguinte para cada um de seus pensamentos inquietantes:

- Qual é o pior cenário possível de que tenho medo em relação a esse pensamento?

- Qual é o melhor cenário possível que gostaria que acontecesse em relação a esse pensamento?

- Qual o cenário realista que provavelmente acontecerá em relação a esse pensamento?

Fique em paz. Diminua o ritmo e treine a mente para se afastar de catástrofes de longo alcance e se direcionar a pensamentos que representem resultados realistas e mais prováveis.

ESTRATÉGIA: PREOCUPAÇÃO PRODUTIVA *VERSUS* IMPRODUTIVA

Outra estratégia que pode ajudar quando ocorrem pensamentos preocupantes é considerar quão produtivo (útil em sua vida ou para você) é gastar energia com esse problema específico. Quando reconhecer que está preocupado, classifique os pensamentos preocupantes como produtivos ou improdutivos com base na lista a seguir.

Produtivos

- ☐ Eu me preocupo com um problema específico.
- ☐ Eu me preocupo com algo com que terei de lidar em um futuro próximo ou imediato.
- ☐ Tenho algum controle sobre o resultado da situação.
- ☐ Posso fazer uma escolha ou tomar uma decisão que resolverá essa preocupação.
- ☐ Essa preocupação é nova, algo em que normalmente não penso.
- ☐ Há algo que posso fazer para ajudar a aliviar minha preocupação.

Improdutivos

- [ ] Estou preocupado com algo incerto no futuro que ninguém sabe se realmente ocorrerá.
- [ ] Não tenho controle sobre essa preocupação.
- [ ] Penso em possíveis maneiras de lidar com essa preocupação, mas nada parece bom o suficiente.
- [ ] Estou obsessivamente focado nessa preocupação e não consigo parar de pensar nela.
- [ ] Essa preocupação é recorrente para mim.
- [ ] Não posso fazer nada para resolver essa preocupação.

Se sua preocupação parece cair mais na categoria "improdutiva", da próxima vez que aparecer, lembre-se de que não há problema em conviver com algumas incertezas. Na verdade, é impossível *não* tê-las. Lembre-se de praticar a aceitação das coisas como elas são. Em contrapartida, se sua preocupação for produtiva, defina um plano de como deseja solucionar o problema. (Mais informações sobre solução de problemas no capítulo 9.)

Generalizando e subestimando

Quando sentimos ansiedade normal, nos concentramos nas preocupações e nos desafios imediatos aos quais ninguém está imune, como, por exemplo, "Será difícil passar Natal com a família este ano". A mente altamente ansiosa agrava essas dificuldades, estendendo-as ao longo do tempo e em uma variedade de situações: "Sempre que estou com minha família, fico estressado". Pior ainda, a mente ansiosa nos convence de que não seremos capazes de lidar com o que tememos: "Não posso ir mais a eventos familiares, é muito perturbador". Como resultado, empenhamos nossos esforços tentando evitar situações, emoções e/ou interações temidas, evitando pessoas e eventos que não representam uma ameaça real. É claro que, na realidade, não temos muito controle sobre o curso das coisas e, portanto, toda essa energia ansiosa faz com que nos sintamos à mercê da vida, impotentes e desesperados para encontrar alívio.

Quando generalizamos excessivamente, tiramos conclusões sobre nós mesmos, nossas emoções e o que podemos e não podemos fazer com base em uma única experiência. Por exemplo, Carmen descobriu que não havia conseguido a promoção no trabalho que tanto queria e concluiu: "Nunca vou ser promovida". Nolan teve alguns encontros frustrantes e concluiu: "Nunca vou conhecer a pessoa certa".

A generalização excessiva faz com que você sele seu destino. Em sua mente, você reduz a zero as chances futuras de sucesso ou de obter o que deseja. E talvez o mais importante: generalizar demais significa parar de tentar. Por exemplo, se você parar de acreditar que um dia será promovido, não se esforçará mais no trabalho. Se você acredita que não encontrará um companheiro, vai parar de tentar conhecer pessoas novas ou de namorar.

O segundo ponto sobre a mente ansiosa é que subestimamos nossa capacidade de lidar com a situação se o que tememos realmente acontecer. Dizemos a nós mesmos que não conseguimos gerenciar a situação assustadora que nossa mente está criando: "De jeito nenhum, nem saberia o que fazer", "Não sou capaz de lidar com isso", "Isso me mataria", "Eu ficaria louco". Diante de uma possível adversidade, nos imaginamos nos afogando em uma poça de medo e ansiedade. Isso reforça a noção supersticiosa de que a própria preocupação nos manterá seguros: "Se eu me preocupar o suficiente, vou ficar bem", "Se eu ficar obcecado com este projeto, vou trabalhar mais", "Se eu me mantiver chateado e nervoso com isso, estarei mais bem preparado quando acontecer".

Esse padrão pode ser quebrado. Você é capaz de gerenciar muito mais do que imagina. Não é porque não quer lidar com algo, ou porque pode ser difícil lidar com uma situação, que você não pode ser eficaz. Você já lidou com muita coisa em sua vida. Você precisa apenas agir e seguir em frente.

Desafiando a generalização excessiva

Talvez você esteja reconhecendo que parte do seu pensamento ansioso representa um excesso de generalização. No entanto, ainda não consegue livrar sua mente do medo ou do pensamento. Comece a desafiar essas generalizações excessivas. Quando tiver um contratempo, faça a si mesmo estas perguntas e anote as respostas, se puder.

1. Você consegue se lembrar de uma época no passado em que seus temores não tenham de fato ocorrido?

2. Você pode imaginar que no futuro as coisas com as quais se preocupa podem não ocorrer de fato?

3. Qual a probabilidade, em uma escala de 0% a 100%, de que aquilo de que você tem medo realmente aconteça?

4. O que você ganha por acreditar nesse pensamento? Por exemplo, você acredita que isso o mantém seguro de alguma forma?

5. Quais as possíveis consequências de acreditar nesse pensamento? Por exemplo, você vai desistir de lutar pelo que deseja, permitindo que ocorra uma profecia autorrealizável?

ESTRATÉGIA: IDENTIFIQUE OS EXCESSOS DE GENERALIZAÇÃO

Como vimos, nossas preocupações e pensamentos catastróficos costumam se repetir. Às vezes, temos alguns novos, mas geralmente eles se repetem com o tempo e refletem nossas crenças básicas sobre nós mesmos. Volte aos pensamentos que anotou em seu caderno anteriormente neste capítulo. Destaque aqueles que refletem uma tendência a generalizar excessivamente. Veja algumas pistas de que você pode estar generalizando:

- Achar que algo perturbador poderá ocorrer repetidamente em diversos contextos.

- Linguagem extrema: "Isso *sempre* acontece", "Isso *nunca* vai ficar bom", "Ninguém *nunca* será como eu", "*Nunca* vou ganhar", "Sou *sempre* o mais devagar", "Sou um idiota".

- Quando você passa por um contratempo ou recebe *feedback* negativo, pensa em desistir e se esforça menos para alcançar seus objetivos.

ESTRATÉGIA: PARE DE SUBESTIMAR SUA COMPETÊNCIA

Experimente este exercício de visualização:

1. Concentre-se em um de seus pensamentos mais perturbadores ou no pior cenário. Com os olhos da mente, revele os detalhes do que você teme como se realmente estivesse acontecendo. Imagine onde você está, com quem está interagindo ou que notícias está recebendo.

2. Agora imagine seus bloqueios, contratempos ou constrangimentos, mas visualize-se enfrentando efetivamente o que está sentindo ou os outros obstáculos temidos.

3. Em vez de surtar, desistir ou ficar dolorosamente desconfortável com a ansiedade ou o medo, você se mantém na situação. Você se desafia a encontrar uma maneira de lidar de fato com seu maior medo.

4. Imagine que você usa uma estratégia (respire fundo algumas vezes, use uma linguagem própria de apoio, lembre-se de seus objetivos maiores) e ela funciona. Você mostra a si mesmo que pode enfrentar a situação. Você encontra uma maneira de superar as circunstâncias e ressurge em um lugar mais confortável e receptivo.

Pratique esse exercício e você estará mais bem capacitado para lidar com a realidade.

EM RESUMO

- Observe seus pensamentos e não reaja a eles.

- Mantenha um registro de pensamentos para desenvolver a consciência de seus padrões de pensamento ansioso.

- Torne os pensamentos ansiosos menos ameaçadores identificando erros de pensamento, crenças internas, gatilhos de preocupação e generalizações excessivas.

- Aumente sua consciência para resolver problemas *versus* preocupações improdutivas.

- Quando estiver ansioso com uma possibilidade futura, pergunte-se: "Estou subestimando minha competência e/ou generalizando demais?".

CAPÍTULO NOVE

Libertando-se dos pensamentos

Mudando sua voz interior

A ansiedade pode se tornar mais intensa quando sua voz interior estiver repleta de julgamentos severos sobre o bem e o mal, o certo e o errado. O que dizemos a nós mesmos influencia o modo como pensamos sobre nós mesmos, o que comunicamos aos outros e o quanto acreditamos em nossa competência e valor. A ansiedade torna-se ainda maior quando a voz interior é sobrecarregada de generalizações – sempre, nunca, para sempre, tudo, nada. Considere qual das duas afirmações a seguir é mais carregada:

1. "Sou péssimo, nunca terei uma vida."

2. "Estou sozinho e preciso trabalhar para desenvolver habilidades sociais."

A segunda frase expressa esperança. Ela reconhece a emoção, mas também identifica uma habilidade específica que pode ser desenvolvida para ajudar com o sentimento de solidão. Se você está lutando contra a ansiedade, há uma grande chance de que sua voz interior seja excessivamente crítica e dura. Mas talvez seus pensamentos e comportamentos ansiosos sobre as situações e os eventos tenham mais a ver com a reação crítica alheia que você antecipa, e menos com os possíveis cenários que cria.

Imagine um amigo que, toda vez que você tem um contratempo, fala sobre o que você fez para causar o problema e o relembra de todas as vezes que cometeu o mesmo "erro" no passado. É provavelmente assim que você está se tratando. As pessoas que nos fazem sentir bem e confortáveis sendo nós mesmas são aquelas com quem ficamos mais à vontade. Comece a se relacionar consigo mesmo da maneira como um amigo ou familiar querido faria. Mudar sua voz interior para ser mais independente e carinhosa consigo mesmo lhe dará um pouco de conforto – ou alento, se preferir – quando pensamentos negativos e ansiosos surgirem.

ESTRATÉGIA: ESTEJA CIENTE DE SUA VOZ INTERIOR

A maneira como falamos conosco mesmos tem um impacto significativo na ansiedade. Mesmo assim, deixamos nossa voz interior ansiosa repetir-se continuamente no piloto automático. Pense nas perguntas a seguir com relação a sua voz interior, para que você possa tornar a voz em sua cabeça mais estimulante e menos crítica.

- Qual é o tom de sua voz interior? Ela é ruidosa e impaciente ou calorosa e tolerante com o que está acontecendo com você e o mundo ao redor?

- Quando você está chateado, sua voz interior tenta acalmá-lo? Ou usa uma linguagem intensa/crítica que o faz se sentir pior, como "Isso foi ruim", "Você é péssimo", "Você nunca vai entender isso direito", "As pessoas te odeiam", "Você é um perdedor".

- Sua voz interior mina seus momentos de alegria? Quando você está feliz ou se sente à vontade, ela se intromete, dizendo coisas nas quais você precisa trabalhar, tarefas que precisam ser realizadas ou possibilidades assustadoras?

- Existem certas tarefas, *hobbies* ou pessoas que revelam seu lado mais gentil e afetuoso quando sua voz interior parece mais suave, menos crítica? Nesse caso, são essas as coisas a que você deve se dedicar mais e são esses os relacionamentos que deve cultivar. Do contrário, experimente outras atividades e pessoas para descobrir o que revela seu lado mais agradável.

Cultive sua capacidade de ficar tranquilo e calmo e incentive uma voz interior de compaixão e de perdão. Autocompaixão significa mostrar a si mesmo uma compreensão afetuosa de suas inadequações, incluindo sua luta contra a ansiedade. O perdão significa expressar uma voz interior mais gentil quando você se depara com um contratempo ou percebe as próprias deficiências.

ESTRATÉGIA: UNICÓRNIOS ROSA

Escreva algumas frases sobre como desenvolver uma voz interior compassiva, mas não pense em unicórnios rosa. Não importa o que faça, mantenha apenas a tarefa de escrever como elaborar uma narrativa interna compassiva, mas certifique-se de NÃO pensar em unicórnios rosa. Os unicórnios rosa não devem ter lugar em sua mente durante esta tarefa. Toda vez que pensar em um unicórnio rosa, marque um X em seu caderno.

Como foi? Você foi capaz de não pensar em unicórnios rosa? Provavelmente não e aqui está o porquê: dizer a nós mesmos para não pensar em algo tem o efeito totalmente oposto. Por isso que, em parte, é tão frustrante quando estamos chateados e um amigo ou familiar querido bem-intencionado diz: "Pare de pensar nisso" ou "Está tudo bem, pare de se preocupar".

Daniel Wegner, um renomado psicólogo social que estuda o efeito da supressão de pensamentos na Universidade Harvard, pediu aos participantes de um estudo que compartilhassem verbalmente seus pensamentos, ao mesmo tempo que não deveriam pensar em um urso branco. Os participantes foram convidados a tocar uma campainha cada vez que pensassem em um urso branco. Mesmo tendo sido instruídos a afastar esse pensamento, eles pensaram na ideia de um urso branco mais de uma vez por minuto, em média.

Quando suprimimos pensamentos, essencialmente dizemos a nós mesmos: "Pare de pensar nisso!". A mente, então, monitora a si mesma para que, cada vez que pensar "nisso", traga "isso" à percepção consciente. Em vez de se repreender por pensar em determinada coisa que não deveria ou se preocupar com isso ou aquilo, considere desafiar os pensamentos que geram ansiedade.

ESTRATÉGIA: SUBSTITUA OS PENSAMENTOS NEGATIVOS

Quando tiver um pensamento que se repete em sua voz interior, apague-o da mente.

1. O que desencadeou o pensamento? O que você estava fazendo ou imaginando quando o pensamento lhe ocorreu?
   Exemplo: Estava considerando um convite para uma festa no bairro.

2. Qual é ou quais são os pensamentos que acompanham esse gatilho?
   Exemplo: "Ninguém vai falar comigo", "Vou me sentir um estranho", "Vou me sentir inseguro".

3. Nomeie a(s) emoção(ões) que sente quando tem esses pensamentos e a intensidade de cada uma delas em uma escala de 1 (menos intensa) a 10 (extremamente intensa).
   Exemplo: "Inadequado: 5; fraco: 6; ansioso: 9; pavor: 9."

4. Existe algo que não é alimentado pelo(s) pensamento(s) da questão 2?
   Exemplo: "Eles me convidaram para a festa, então alguém me quer lá", "De vez em quando converso com os vizinhos", "Moramos no mesmo bairro, então pelo menos temos isso em comum".

5. Você consegue pensar em um pensamento menos negativo, mas ainda assim realista, para substituir o atual? *Exemplo:* "Mesmo que as pessoas não me incluam em todas as conversas, fui convidado e moro no mesmo bairro, então não sou um estranho."

6. Reveja as emoções listadas na questão 3. Avalie cada uma delas ao manter esse novo pensamento em mente. Verifique se a intensidade da(s) emoção(ões) diminuiu, mesmo que apenas um pouco. *Exemplo:* "Inadequado: 2; fraco: 5; ansioso: 7; pavor: 7."

Cada vez que for tomado pelo pensamento negativo, reconheça-o compassivamente: "Eu vejo você, pensamento negativo", então, lembre-se do seu pensamento mais *realista*: "Bom, pelo menos eles me convidaram".

Solução de problemas

Em psicologia, a tendência a trabalhar os eventos negativos repetindo-os continuamente na mente é chamada de ruminação. Ruminação refere-se ao foco interno na ansiedade/aborrecimento, bem como a todos os motivos, causas, possibilidades futuras ou riscos que podem ocorrer devido a esse sofrimento. Imagine o exemplo de uma pessoa que costuma se isolar, porque acredita que seja inferior a seus colegas acadêmica e profissionalmente. Então, ela começa a pensar que a situação nunca vai melhorar e a imaginar um futuro em que sempre se sentirá inadequada e profissionalmente inferior. Em seguida, ela se critica sobre por que isso aconteceu, em primeiro lugar. E então pode começar a procurar maneiras de evitar pessoas que talvez lhe perguntem sobre o que faz para viver ou onde estudou.

Muitas pessoas se preocupam porque acreditam que estão resolvendo problemas e se engajando em um processo construtivo sobre as questões que enfrentam. Lembrar-se do que é ou do que poderia ser motivo de preocupação passa a ser encarado como uma forma de evitar a negação e a catástrofe.

Na verdade, a ruminação é essencialmente um processo passivo que somente leva a mais pensamentos ansiosos. Pensar demais, sozinho, não deixa espaço para outras perspectivas ou soluções eficazes para os problemas.

Brainstorming

Adote uma abordagem mais ativa e direta para lidar com suas preocupações. No *brainstorming* você tira a pressão sobre si mesmo e reconhece que não há uma decisão "correta" a ser tomada ou uma maneira "certa" de resolver o problema.

1. Escolha um problema com o qual você se preocupa regularmente ou uma nova preocupação que lhe tenha ocorrido. Escreva algumas frases sobre ele.

2. Agora, anote o máximo de ideias que conseguir ter para lidar com o problema. Não se preocupe com quão estranhas ou pouco práticas as ideias possam parecer. Não existem regras, a não ser permitir que a criatividade flua.

3. O objetivo aqui é ampliar seu processo e escapar de padrões de pensamento repetitivos. Na verdade, tente pensar em soluções ridículas. Isso pode diminuir a seriedade de determinada preocupação. Tive uma cliente que lutava para aprender a lidar com uma colega de quarto difícil e teve esta ideia: "Cada vez que ela me irritar, vou fazer uma piada".

A princípio, pareceu uma solução boba para ela, mas funcionou porque diminuiu a tensão e a ajudou a não levar a colega de quarto tão a sério.

4. Quando tiver várias soluções, pense em como cada uma delas ajudaria ou dificultaria o problema. Algumas coisas podem parecer impossíveis e outras e mal podem ajudar. Escolha uma razoavelmente factível.

5. Em seguida, dê um passo a mais; faça algo ativamente para aliviar sua ansiedade sobre esse problema.

ESTRATÉGIA: LIVRE-SE DO DESAMPARO

Sempre que se sentir ansioso ou preocupado, observe se parece que a vida e os outros estão contra você. Mesmo que sua culpa seja justificada, mergulhar nela não vai ajudá-lo a atingir seus objetivos ou fazê-lo se sentir melhor. O que o ajudará a se sentir melhor é se concentrar no que está sob seu controle. Deixar o sentimento à mercê da vida ou das circunstâncias cria uma sensação de segurança e calma. Veja uma maneira para não mais enfrentar as dificuldades com o desamparo:

1. Escolha um pensamento ansioso ou um gatilho de preocupação.

2. Reconheça os pensamentos sobre essa preocupação em particular que o mantêm em um estado de desamparo: "Nunca vou encontrar uma solução", "Sempre será assim".

3. Elabore três passos que poderá executar e que estão sob seu controle.

4. Tome uma atitude.
   Por exemplo, Layla estava preocupada com um casamento a que teria que comparecer. Ela havia perdido contato com muitos dos convidados e se sentia oprimida pensando no que eles achariam dela e como ela ficaria socialmente isolada. Para não mergulhar nesses pensamentos e preocupações e buscar um controle saudável, ela se perguntou o que poderia fazer para melhorar a situação.

5. Contate velhos amigos antes do casamento. Envie uma mensagem de texto, ligue, escreva uma nota.
Layla procurou seus antigos amigos um pouco antes do evento e até conversou por vídeo com um deles.

6. Imagine que o dia será da forma como você gostaria. Layla se visualizou no dia do casamento presente no aqui e agora. Ela se imaginou em reencontros difíceis, ou mesmo sentindo-se isolada, mas foi capaz de lidar e administrar a situação. Ela se viu orgulhosa de si mesma ao final do evento.

7. Pratique a respiração profunda, ioga ou meditação consciente.
Layla praticou respiração consciente por 10 minutos todos os dias antes do evento.

> **OBSERVAÇÃO IMPORTANTE:** *Acionar uma situação pode ajudá-lo a aceitá-la como ela é, sem ter de fazer nada para isso. Então, cada vez que o medo vier à mente, pratique a aceitação em vez da ruminação.*

ESTRATÉGIA: ANÁLISE DE CUSTO-BENEFÍCIO (DA SUA MENTALIDADE ANSIOSA)

Às vezes, observar claramente as consequências de uma mentalidade preocupada pode motivá-lo a deixar de lado a preocupação e voltar-se ao momento presente. Com esse objetivo em mente, conduza uma análise de quão benéfico é continuar ansioso sobre o que quer que esteja ruminando ou pelo qual esteja obcecado. Escreva as consequências e os benefícios de se preocupar com determinado problema.

Exemplo:

Custos de manter-se ansioso

Não estou no aqui e agora.

Eu me sinto mal.

Estou tenso e fisicamente desconfortável.

Estou preso.

Benefícios de manter-se ansioso

Não ficarei surpreso se acontecer o que me preocupa.

Eu estarei vigilante, o que me protege.

Decida o custo que está mais disposto a aceitar e qual opção o aproxima de sua meta de longo prazo de ter mais paz e menos ansiedade em sua vida.

> **NOTA:** *Pode ser bastante eficaz examinar custos e benefícios depois que a ansiedade diminui. Quando a ansiedade se torna menor, seu cérebro tem mais capacidade para resolver problemas e assumir uma perspectiva mais ampla.*

Você não é seus pensamentos

Ao visitar um parque de diversões com meu filho, fiquei muito ansiosa com o entusiasmo dele para que eu o acompanhasse em uma montanha-russa velha e instável. Enquanto ele, todo feliz, me puxava para a fila, pensamentos preocupados me dominaram: "É instável e velha, e se sair do trilho?", "E se o cinto quebrar ao virar de cabeça para baixo?", "E se os mecanismos de segurança falharem?", "E se eles não seguirem os padrões e regulamentos?", "E se... E se... E se...". Em questão de minutos, acreditei plenamente que a catástrofe aconteceria se nós andássemos na montanha-russa. Queria nos impedir de ir.

De repente, como se acordasse de um transe, vi o operador abrir a porta do nosso carrinho e subirmos a bordo. Conforme a máquina acelerou, os pensamentos de medo começaram a recuar para o fundo da minha consciência. Havia uma abertura agora para mais do que preocupação.

Vi o ânimo e a pura alegria de meu filho. Eu o vi jogar as mãos para o alto, rindo e sorrindo. Senti a mesma alegria; era estimulante ir contra meus pensamentos temerosos. Os pensamentos continuavam lá, mas eu não era mais refém deles. Estava energizada. Estava presente. Estava no aqui e agora. Além de meus pensamentos de preocupação, estava vivendo uma experiência emocionante e memorável.

Semelhante a assistir a um filme envolvente, um fluxo de pensamento específico tem o potencial de nos atrair de forma tão completa que não haja nenhum "nós" separado desses pensamentos. Os pensamentos se tornam todo-poderosos, fazendo escolhas por nós, limitando nossas experiências, dizendo-nos o que é certo e o que é errado. Somente ao quebrar o transe conseguimos ver a natureza das coisas como realmente são. Nosso cérebro nos fornece um número muito grande de pensamentos, muitos dos quais são inúteis e até mesmo totalmente imprecisos. Levar cada um deles a sério seria como visitar uma bela praia e ficar o tempo todo contando os grãos de areia.

Talvez até esse ponto você nem mesmo tenha considerado seus pensamentos como outra coisa senão um reflexo literal de sua realidade. Quando um pensamento surge, você o leva a sério. Você o sente, você se preocupa com ele e talvez até comece a se planejar com base nele. Aceitar os pensamentos superficialmente pode fazer você fundir sua identidade com o que está pensando em determinado momento.

Deve haver um espaço entre você, seu eu observador e os

pensamentos que sua mente produz. Você não é seus pensamentos. Você é o líder, o condutor, o capitão – aquele que supervisiona e observa – do seu fluxo de pensamento.

ESTRATÉGIA: TORNE-SE UM OBSERVADOR

Observar seus pensamentos e sentimentos é semelhante a ficar em pé em uma rocha para observar o mar e refletir sobre suas muitas mudanças. Você nota as ondas do oceano, turbulentas às vezes, pacíficas em outras, e regulares em algum ponto entre ambas. Da segurança do alto da rocha, é fácil nomear o que você observa. Você não se percebe do mesmo modo que percebe essas mudanças. É você quem as está percebendo.

Mesmo em um furacão, chegará um momento em que o mar ficará calmo novamente. Observe-se. Reconheça que, embora seu cérebro possa estar trabalhando com vários cenários ansiosos, ele retornará a um padrão mais tranquilo. E um cérebro tranquilo inevitavelmente ficará perturbado de novo. Os sentimentos ou pensamentos que dominam a mente a cada momento uma hora vão embora e serão substituídos por novos sentimentos e pensamentos. Essa é a natureza da mente.

1. Sente-se em silêncio. Imagine seu eu observador separado de seus pensamentos e emoções.

2. Observe a direção em que sua mente vagueia e as sensações físicas que a acompanham em seu corpo.

3. Talvez você sinta o peito tenso, as mãos suadas ou dor de cabeça.

4. Nomeie essas sensações sem fundir sua própria identidade ou senso de identidade com elas. Por exemplo: "Percebo tensão e preocupação chegando até mim" em oposição a "Estou uma pilha de nervos".

Se continuar praticando, descobrirá que os pensamentos, as emoções e as sensações passam, apenas para serem substituídos por outros. De alguma forma a calma volta. Seus pensamentos não irão assustá-lo quando reconhecer que eles são temporários e não um reflexo direto da realidade.

A luta contra a ansiedade

Cultive sua capacidade de se manter tranquilo e calmo observando quanto sua luta contra a ansiedade o limitou e definiu.

Escreva um parágrafo sobre sua identidade ansiosa. Como sua luta contra a ansiedade influencia quem você é? Como sua luta contra a ansiedade começou e o que a sustentou com o tempo? Como você acha que sua ansiedade o impedirá de viver? Como você se vê como resultado de sua luta contra a ansiedade?

Você pode abandonar essa luta. Pense em como sua identidade mudaria se você fosse capaz de lidar melhor com sua ansiedade.

Escreva um segundo parágrafo, novamente com as realidades que suportou, mas desta vez em outro contexto: você desistiu de lutar contra a ansiedade. Você aceita sua ansiedade; ela é o que é. Ao mesmo tempo, imagine que você encontrou maneiras de administrar e lidar bem com a situação. Você é capaz de ficar alegre, de estar presente e de se conectar com outras pessoas. Como você se vê se a ansiedade não dominasse mais sua vida?

Nosso senso de capacidade de crescer muda de acordo com a forma como percebemos as circunstâncias. Comece a se ver como alguém que pode (como muitos outros!) se recuperar da ansiedade.

ESTRATÉGIA: ESTAÇÃO DE TREM

Essa estratégia ajuda você a observar e estar ciente de sua experiência, sem ser soterrado por ela.

1. Imagine-se seguro em uma plataforma elevada em uma grande estação ferroviária. Você tem uma visão panorâmica de cada trilho e vê cada trem à medida que chegam e saem da estação. Você observa que alguns trens retornam à estação depois de apenas alguns minutos. Outros demoram mais para voltar, enquanto outros nem mesmo retornam. Alguns trens demoram um pouco para sair da estação. Outros partem imediatamente após a chegada.

2. Imagine que seus pensamentos são como esses trens. Você é aquele que observa com segurança os pensamentos que vêm e vão. Alguns pensamentos perduram, outros partem rapidamente. Você não tem controle, urgência ou responsabilidade sobre isso, a não ser estar ciente de seus pensamentos, como faria com os trens que entram e saem da estação.

3. Da mesma forma como poderia descrever os trens como "trem vermelho" ou "trem verde", procure nomear cada trem (pensamento) conforme entra e sai da estação (sua mente). Sem julgar ou analisar, liste em seu caderno, ou diga em voz alta, os pensamentos que passam por sua estação. Veja se consegue agrupá-los em categorias maiores: "pensamentos preocupados", "pensamentos catastróficos", "pensamentos familiares", "pensamentos

de autoestima", "pensamentos futuros" ou "pensamentos profissionais". Cada vez que nomeia um pensamento em uma categoria, ele se torna menos persuasivo e menos significativo.

Teste suas previsões

Você já se perguntou por que tendemos a concentrar nossa atenção mais em pensamentos negativos do que em positivos? Ou por que ainda nos lembramos de um comentário crítico ou de uma interação aborrecedora semanas ou mesmo anos após o evento? Usamos o termo "viés da negatividade" para dizer que pensamentos, emoções e interações indesejáveis têm um impacto maior em como nos sentimos do que eventos positivos ou neutros. Na verdade, pesquisas mostram que as pessoas são muito melhores em lembrar de coisas negativas do que das positivas — por exemplo, um rosto carrancudo *versus* um rosto feliz — e gastam mais tempo e energia mental processando esses eventos. Esse viés é parte de nosso processo evolutivo. Do ponto de vista da sobrevivência, o custo de ignorar algo negativo é muito maior do que o custo de ignorar algo positivo. Imagine o homem primitivo que ignora uma árvore cheia de frutas comestíveis. Ele provavelmente sobreviverá ao erro, mas, se falhar em olhar por cima do ombro para observar uma matilha de lobos à espreita, pode não sobreviver.

Podemos ver como o viés da negatividade ajudou nossos ancestrais a sobreviver. Mas, no mundo de hoje, quando poucos de nós enfrentamos ameaças reais no dia a dia, esse viés pode resultar em muitas preocupações desnecessárias – e exaustivas. Quando ficamos excessivamente ansiosos, o viés da negatividade costuma ser o responsável por trás dos bastidores. Examinamos nosso ambiente e a nós mesmos em busca de possíveis ameaças e então, sem uma reflexão cuidadosa, fazemos previsões improváveis com resultados ruins.

Você pode deixar de ver a si mesmo e a seu mundo de forma desvantajosa se transformar cada pensamento negativo em uma previsão a ser experimentada e testada.

ESTRATÉGIA: O QUE A SUA ANSIEDADE ESTÁ LHE DIZENDO?

Seus pensamentos ansiosos provavelmente o fazem parar, porque você os interpreta como um sinal ou mesmo um comando para entrar em um estado de preocupação e ruminação. Esse pode ser o seu viés da negatividade operando a todo vapor.

E se o pensamento ansioso não for um sinal para parar e apertar as mãos de nervosismo, mas sim um sinal de que algo pelo qual você realmente se preocupa ou deseja está em jogo? Quando reconhecer que está fazendo previsões ansiosas, complete as questões a seguir para ver o que pode estar por trás de sua ansiedade e, em seguida, teste sua previsão.

1. Escreva uma previsão (ou pensamento) ansioso.
   Exemplo: "Se eu dirigir, terei um ataque de pânico. Ainda assim, não vejo minha mãe há muito tempo. Eu me preocupo o tempo todo porque não consigo dirigir. Eu também me puno por ser tão fraco".

2. Escreva por que isso é importante para você.
   Exemplo: "Quero visitar minha mãe idosa e passar um

tempo com ela. Ela mora em uma casa de repouso a mais de uma hora de distância, então tenho que dirigir. Já faz muito tempo que não a vejo, mas não consigo lidar com o pânico".

3. Escreva estratégias que podem ajudá-lo.
Exemplo: Praticar relaxamento muscular progressivo, respiração profunda, imaginação guiada (imagine dirigir e ser capaz de enfrentar a situação e chegar em segurança). Praticar a voz interior positiva ("Eu posso e vou dirigir para vê-la.").

4. Teste a previsão ansiosa; veja se sua hipótese estava correta.
Exemplo: "Eu dirigi para a casa de repouso e me senti desconfortável, mas não perdi o controle, não tive um ataque de pânico e pude ver minha mãe!".

Veja algumas maneiras de testar previsões ansiosas comuns para que você possa começar a trabalhar nas suas.

O QUE A ANSIEDADE LHE DIZ	COMO TESTAR
Tenho medo de que o avião caia e eu morra.	Pratique exercícios de relaxamento, visualização, respiração profunda e depois voe.
Estou preocupado com as pessoas que não gostam de mim e de ser rejeitado.	Vá a uma festa, evento de trabalho ou no bairro e tente interagir com as pessoas. Faça perguntas; não se deixe isolar em um canto.
Nunca terei sucesso.	Comece um novo curso, projeto de trabalho, hobby. Construa algo, cuide de uma planta, comece um jardim.
Eu nunca serei amado.	Pergunte à família se eles amam você (vale, mesmo que seja família!). Ou adote um animal de estimação; animais de estimação nos dão amor incondicional.
O mundo está contra mim.	Observe as pequenas coisas: trânsito leve, tempo bom, uma pessoa gentil o ajudando de alguma forma. Agarre o mundo quando ele for bom para você.
Eu sou inútil.	Trabalhe em algo que o faça se sentir competente: construa um jardim, cuide de um idoso ou de uma criança, ofereça-se para ajudar alguém no bairro, limpe sua casa, lave seu carro, planeje algum tipo de atividade e leve adiante.

Agora, pegue uma de suas previsões ansiosas, lembre-se de por que é importante para você trabalhar nela, escolha uma estratégia que irá ajudá-lo e saia pelo mundo para testá-la!

EM RESUMO

- Treine sua voz interior para a autocompaixão e a autoaceitação.

- Substitua pensamentos ansiosos e negativos por pensamentos realistas.

- Estabeleça metas e tome medidas viáveis para diminuir a ruminação ansiosa.

- Saia pelo mundo, teste suas previsões ansiosas e veja se elas estão corretas.

CAPÍTULO DEZ

Colocando as estratégias em prática

Se você tem lutado contra a ansiedade durante toda a vida, ou se esta é a primeira vez, talvez tenha passado/passará por momentos desesperadores ao longo do caminho. Seu pensamento ansioso pode fazê-lo duvidar de sua capacidade de progredir. Não admira que você se sinta assim, porque a ansiedade pode se tornar parte da sua identidade ou uma sombra da qual você simplesmente não consegue se livrar. Veja algumas maneiras de usar as estratégias sobre as quais você está lendo e formar hábitos de longo prazo que o libertarão de pensamentos desesperadores e o levarão para a vida satisfatória que deseja e merece.

Das estratégias aos hábitos

Se continuar a cultivar suas habilidades para encontrar tranquilidade e calma quando fica ansioso, uma hora ou outra seus padrões de ansiedade começarão a se desfazer e, nesses novos espaços, você poderá cultivar novos hábitos de pensar e reagir. É importante lembrar que mudar o padrão do cérebro requer tempo e prática consistente. Apenas quando achamos que não aguentamos mais e queremos desistir é que alcançamos nossos maiores ganhos. Eventualmente, por períodos cada vez mais longos, você esquecerá que está praticando um enfrentamento saudável. Em vez disso, aproveitará a brisa no rosto e a experiência de viver a vida no aqui e agora.

Imagine o que pode acontecer se continuar a trabalhar dessa maneira. Talvez o seu nível habitual de ansiedade, aquele que sente na maior parte do tempo, seja 6 em uma escala de 1 a 10 (com 1 sendo totalmente relaxado e 10 totalmente ansioso). Depois que essas estratégias se tornarem hábitos, você descobrirá que esse padrão cai, então talvez agora possa ser um 3 ou um 4. Essa é a principal diferença e é a recompensa por todo o seu esforço. Uma vez que seu nível geral de ansiedade diminui, mesmo que apenas um pouco, será ainda mais fácil e rápido desafiar pensamentos angustiantes e repetitivos e obter sucesso.

Reserve um momento ao concluir esta seção para se sintonizar com sua voz interior. Ela o repreende para fazer mais, ou o lembra do que está fazendo errado, ou critica sua falta de compromisso? Lembre-se de que você não precisa fazer nenhuma atividade escrita neste livro. Não existe uma abordagem "certa" ou "errada" ou algo que "deve" ou "não deve" fazer a fim de acabar com sua luta contra a ansiedade. O que *vai* ajudá-lo de fato é fazer suas próprias escolhas. Você quer viver de outra maneira? Você não estaria engajado nestas estratégias se a resposta não fosse sim. Portanto, comprometa-se a trabalhar sua ansiedade todos os dias, não importa quão pequeno seja o esforço. Quando não conseguir um dia, simplesmente recomece, sem julgamento, sem crítica, apenas com determinação pura, clara e persistente.

Planejamento

Reveja o planejamento iniciado no capítulo 4 (p. 65) e revisado no capítulo 7 (p. 131). Reconsidere como seu sistema de planejamento está funcionando. Você seguiu os planos que fez para si mesmo em relação à implementação das estratégias?

Considere adicionar à sua abordagem de planejamento alguns lembretes todos os dias em seu celular ou calendário digital. Você pode usar o lembrete "respirar" para ficar relaxado e atento. Ou "voz interior positiva" para estar ciente de como está falando consigo mesmo em sua mente.

Reveja o que aprendeu nos dois últimos capítulos. Identifique quais estratégias deseja incorporar em seu plano atual. Tente trabalhar a ansiedade no mesmo horário ou horários do dia. Períodos regulares de tempo fornecem uma pista para o cérebro que irá acelerar o processo "neurônios que disparam juntos se conectam".

Acompanhe seu progresso

Uma das maneiras mais poderosas de transformar um novo comportamento em hábito é acompanhar o que você está fazendo. É essencial para o progresso de longo prazo estabelecer um sistema em que possa monitorar diariamente as estratégias que está usando e a intensidade sua ansiedade. Como vimos anteriormente, você pode acompanhar seu progresso de forma rápida e fácil com a tabela que esboçou em seu caderno. Dê uma olhada no exemplo.

Verifique todos os dias as estratégias dos capítulos 8 e 9,

ESTRATÉGIA	SEG.	TER.
"Pensando sobre" *versus* "Experimentando"		
Registre seus pensamentos		
Técnica da seta descendente		
Teste suas crenças principais		
Identifique seus gatilhos de preocupação		
Resultados prováveis *versus* possíveis		
Preocupação produtiva *versus* improdutiva		
Identifique os excessos de generalização		
Pare de subestimar sua competência		
Esteja ciente de sua voz interior		
Unicórnios rosa		
Substitua os pensamentos negativos		
Livre-se do desamparo		
Análise de custo-benefício		
Torne-se um observador		
Estação de trem		
O que a sua ansiedade está lhe dizendo?		
Avalie sua ansiedade em uma escala de 1 a 10		

ou faça uma versão desta tabela com base nas estratégias mais úteis a você. Além disso, certifique-se de avaliar sua ansiedade, usando uma escala de 1 a 10, sendo 1 totalmente relaxado e 10 totalmente ansioso.

	QUA.	QUI.	SEX.	SÁB.	DOM.

Estabeleça objetivos

Lutar contra a ansiedade pode ser como lutar contra a corrente do oceano. Gastamos tanto tempo trabalhando para nos manter à tona que não temos energia para nos concentrar em realmente chegar a algum lugar. Operar no modo de sobrevivência tem algumas consequências negativas, especialmente quando se trata de controlar a ansiedade. Em primeiro lugar, o modo de sobrevivência não leva ao progresso de longo prazo no que se refere a ficar livre do tormento da ansiedade. Além disso, o modo de sobrevivência nos mantém presos em um estado mental em que não estamos totalmente presentes nem somos capazes de desfrutar do que mais apreciamos.

Faça uma pausa antes de entrar em ação. Imagine-se em segurança em um barco, mesmo que apenas por alguns instantes. Desse ponto de vista, você pode observar sua espiral de ansiedade sem ser totalmente engolido por ela. Com essa perspectiva em mente, considere seus objetivos para gerenciar a ansiedade:

- O que o fez escolher este livro?

- O que você quer alcançar?

- Como você quer se sentir?

- Como você gostaria de lidar com seus pensamentos ansiosos?

As pessoas muitas vezes chegam a esse ponto e então começam a duvidar de si mesmas, ou a desistir de seus objetivos porque temem que será muito difícil realizá-los, ou acreditam que não são fortes o suficiente para cumprir tarefas desafiadoras, ou que irão falhar no final. Lembre-se de que em todo o mundo pessoas como você lutam/lutaram contra a ansiedade e ficam/ficaram melhores. Não quer dizer que nunca mais irão se sentir ansiosas, mas encontraram métodos para lidar com a situação de maneira saudável e permanecer presentes na própria vida. A ansiedade é tratável, talvez mais do que qualquer outro problema de saúde mental, e as pessoas melhoram ao adotar consistentemente novas maneiras de pensar e enfrentar o problema.

Estabelecer uma meta e cumpri-la é como avistar uma boia e alcançá-la enquanto se move nas águas do oceano. Cada boia leva a uma outra, e outra. Antes que perceba, você avista terra firme no horizonte. Esforçar-se e alcançar suas metas o ajudará quase instantaneamente a acreditar em si mesmo, a aumentar sua autoestima e a tornar sua ansiedade menos assustadora.

ESTRATÉGIA DO DIA

Escolha algumas estratégias desta seção que você pode incorporar diariamente, ou um foco específico diferente a cada dia. Por exemplo, você pode rotular um dia como "Dia de diálogo interno positivo", no qual ficará atento à sua voz interior, ou "Dia de identificar erros no pensamento", em que se comprometerá a focar nos padrões de pensamento exagerados ou irracionais que podem estar deixando você ansioso. Outra estratégia útil é a "Torne-se um observador" (p. 187) em que você ficará mais atento a seus pensamentos a cada dia. Mesmo que apenas por cinco minutos, comprometa-se a observar seus pensamentos sem se apegar a eles ou afastá-los ativamente.

ESTRATÉGIA DA SEMANA

Escolha algumas estratégias abrangentes ou gerais com as quais você possa trabalhar em sua rotina semanal pelo menos três vezes nesta semana. Elas não precisam tomar muito tempo, apenas algo razoavelmente alcançável para você no contexto de sua vida. Por exemplo, você pode incorporar a ideia da estratégia "Livre-se do desamparo" (p. 182), em que se compromete a dar um passo aceitável e prático para combater o que o está deixando ansioso. Ou teste alguma previsão e use-a para desafiar pelo menos uma de suas crenças ansiosas.

Crie seu calendário semanal de estratégias

Revisite o calendário de estratégias semanais que você criou nos capítulos 4 (p. 70) e 7 (p. 136). Reserve um momento para examinar o mês atual. Se ainda não o fez, anote os compromissos profissionais, sociais e familiares.

Criar hábitos é mais rápido quando ensinamos ao nosso cérebro novas estratégias e técnicas diariamente. Além disso, reduzimos a ansiedade quando temos um plano sólido e o cumprimos. Escreva uma estratégia dos capítulos 8 e 9 que você deseja empregar todos os dias do mês.

Avalie o que está por vir destacando digital ou manualmente três áreas em seu calendário: vermelha, amarela e verde. As áreas vermelhas são aquelas mais alimentadas pela ansiedade; as verdes são aquelas em que você espera estar bastante à vontade e se sentir menos pressionado; e as amarelas são o meio-termo, em que você imagina que não se sentirá nem muito ansioso nem muito relaxado.

Agora verifique quais áreas vermelhas podem desencadear pensamentos ansiosos em você. Nos dias ou horários em que você antecipa pensamentos ansiosos ou vê uma área vermelha, anote uma estratégia (ou estratégias) que acredita que será particularmente adequada para aquele gatilho. Por exemplo, se você está antecipando alguns eventos que o farão ruminar ou pensar demais, considere manter um registro de pensamentos naquela semana. Além disso, se você tem medo de um encontro, considere se não está subestimando sua competência e filtrando suas habilidades e pontos fortes que podem ajudá-lo na situação difícil.

Autoanálise

Para mudanças de longo prazo, é importante se autoanalisar e verificar como está sua evolução. Do contrário, você pode voltar aos mesmos velhos hábitos ansiosos. Fazer essa análise é uma forma de manter o foco em seus objetivos e entender quais estratégias estão funcionando ou quais pode adicionar ou substituir.

Verifique o que está indo bem e o que você perdeu de vista no caminho para uma vida pacífica. E, enquanto também avalia seus contratempos, comprometa-se a perseverar. Reconstruir o cérebro requer prática e tempo.

Como você tem feito?

Comece refletindo sobre como você está se saindo a cada dois dias. Então, quando notar que os sintomas estão melhorando, faça isso uma vez por semana e depois mensalmente.

- Quão bem-sucedido você foi com seus objetivos diários?

- Como estão suas metas semanais?

- Com base em uma escala de 1 a 10, está percebendo alguma melhora em seus sintomas?

No início, a melhora pode ser sutil, mas qualquer diminuição da intensidade de sua ansiedade, mesmo que tenha passado de 8 para 7, por exemplo, é uma melhora. Se não foi tão bem-sucedido quanto gostaria, tente agora de forma diferente. Procure outras maneiras de colocar em prática as estratégias e seja honesto sobre o que o está impedindo de evoluir. Lembre-se de que você quer melhorar e de que você pode e terá paz de espírito e uma vida significativa.

APEGUE-SE A ISSO

Sempre que fazemos uma mudança ou aprendemos algo novo, experimentamos decepções e obstáculos. Quando passar por contratempos, pare um momento para considerar quais pensamentos ou crenças negativas você tem sobre sua capacidade de melhorar e começar novas técnicas.

Por exemplo, você pode ter este pensamento: "Fazer estes exercícios vai melhorar minha ansiedade" e, ao mesmo tempo, pensar: "Estes exercícios são difíceis, então provavelmente não vou chegar a lugar nenhum". Considere incorporar pensamentos mais realistas. Por exemplo: "Outras pessoas fizeram isso e ficaram melhores, então talvez eu possa também" ou "Não preciso implementar as estratégias o tempo todo ou ser perfeito nisso para melhorar".

A cada dia você está um passo mais perto de seu objetivo de liberdade emocional. Não desista. Você conseguirá vencer sua ansiedade. Mas o que há do outro lado? Relaxe seu corpo e sua mente. É o tipo de tranquilidade que lhe permitirá sair de sua zona de conforto de maneira consistente para nunca mais perder o que a vida tem a oferecer. Você pode e irá alcançar, conectar-se e viver uma vida totalmente presente.

Ler sobre as estratégias deste livro mostra que você não está mais se resignando a uma vida ansiosa. Essa mudança por si só, ou seja, proporcionar a si mesmo novas maneiras de pensar e gerenciar a ansiedade, talvez mais do que qualquer outra, lhe trará a paz e a calma que merece. Agora continue. Não desista; você já chegou muito longe.

SEÇÃO
IV

mantenha o curso

O que você aprenderá nesta seção

Reconheça que você tem a capacidade de controlar sua ansiedade e experimentar o tipo de tranquilidade e calma que deseja. Você não precisa desenvolver essa confiança de uma só vez. No entanto, todos nós somos capazes de construí-la. Esta seção aborda como seguir as estratégias no longo prazo. Um dos elementos para isso é aprender a celebrar os próprios sucessos. Reconhecer seu progresso, mesmo quando muito pequeno, alimenta sua capacidade de ser persistente, e a persistência é o caminho para um novo aprendizado. Também veremos como evitar o viés da negatividade, cortar a ansiedade pela raiz e esclarecer quais estratégias você deseja manter ao longo da vida. E exploraremos maneiras de acelerar seu progresso a fim de reduzir a ansiedade – como montar sua própria rede de apoio, psicoterapia e medicação.

CAPÍTULO ONZE

O caminho à frente

Perspectiva de longo prazo

Estima-se que só nos Estados Unidos um em cada cinco adultos apresenta critérios diagnósticos para transtorno de ansiedade. Por mais prevalente que seja, a ansiedade também responde muito bem a tratamento. Mas como podemos saber quem vai melhorar e quem não vai? Bem, eu vejo isso de forma consistente na minha prática clínica, e pesquisas confirmam: quando as pessoas adotam estas três "crenças", em geral são capazes de aprender, mais cedo ou mais tarde, a controlar seus sintomas de ansiedade.

1. **Acredite que precisa mudar:** Fazer sempre as mesmas coisas o mantém preso. Abra se para novas maneiras de pensar e se comportar e você começará a mudar.

2. **Acredite nas estratégias:** Duvidar de si mesmo e prever o que pode acontecer é apenas uma distração para a construção de novos hábitos que o libertarão da ansiedade e proporcionarão mais tranquilidade. As estratégias deste livro são todas baseadas em evidências, o que significa que a pesquisa provou sua eficácia. As estratégias funcionam, realmente funcionam!

3. **Acredite na sua capacidade de crescer:** Como vimos, em todo o mundo pessoas como você experimentam padrões de ansiedade, mas encontram paz de espírito, então por que você não poderia? Acredite em si mesmo e você terá controle sobre sua ansiedade.

Suas maiores vitórias até agora

Reserve um momento para lembrar quais emoções e hábitos estavam controlando você antes de ler este livro. Agora, como se assistisse a um vídeo de destaques esportivos, reveja suas maiores vitórias até agora. Talvez você não tenha conseguido se conectar com suas outras emoções, exceto a ansiedade, e agora não tenha mais medo de olhar para a ansiedade e entender o que realmente está sentindo. Ou talvez você tenha encontrado maneiras de relaxar e não se sentir fisicamente tenso.

Talvez você tenha parado de evitar algo ou certas coisas que há muito tempo lhe causam medo e apreensão. Talvez o conceito de aceitação, de que a ansiedade é parte da experiência humana, tenha aberto espaço para que haja um "você" agora separado do estar ansioso.

Ou talvez você tenha encontrado maneiras de se libertar ou desafiar seus padrões de pensamento de medo e ansiedade. Você pode até ter momentos em que é capaz de observar seus pensamentos ou sentimentos sem ser sufocado por eles.

Se você está pensando sobre sua luta de forma diferente, se está adotando novas maneiras de pensar ou se comportar, considere-se vitorioso. Agora continue fazendo o que está funcionando.

Seus maiores desafios até agora

Quais foram seus maiores desafios até agora? Talvez você continue lutando e ainda não tenha visto nenhum benefício perceptível. Ou talvez as melhorias pareçam muito pequenas e não impactantes o suficiente.

Pode parecer impossível continuar acreditando em si mesmo e em sua abordagem de tratamento quando você não percebe nenhuma mudança mensurável. Dê uma boa olhada nos fatos.

- Você está seguindo as estratégias?

- Você acredita que as estratégias funcionam?

- Você acredita em si mesmo e em sua capacidade de melhorar e viver a vida que deseja profundamente?

Além disso, considere se há estratégias específicas, ou mesmo seções inteiras do livro, que você considera particularmente desafiadoras. Reflita sobre o que tem sido mais difícil para você aceitar, incorporar à sua vida e mudar. Avalie se você pode se beneficiar de suporte adicional para ajudá-lo com as áreas mais difíceis (veja mais sobre terapia e medicação no capítulo 12). Tenha compaixão por você mesmo por enfrentar os desafios e não desistir.

A estrada do progresso nem sempre é uma linha reta

A mudança não se desenvolve em linha reta, embora muitas vezes acreditemos que deveria, e é por isso que, quando enfrentamos contratempos, nos tornamos autocríticos e começamos a duvidar de nós mesmos. Esse tipo de pensamento sabota o progresso e contribui para que desistamos.

A realidade é que contratempos e fracassos no caminho da mudança são inevitáveis. Nosso cérebro tem a capacidade milagrosa de religar, crescer, mudar; entretanto, ele também se apega ao que se tornou hábito. Essa tensão contraditória significa que a mudança não ocorre imediatamente ou sem esforço. Mudança sustentada, do tipo que realmente faz a diferença, leva tempo e precisa de consistência.

A cada obstáculo, em vez de autocrítica e autodestruição, veja como um sinal de crescimento e progresso. Afinal, se você ainda estivesse fazendo o que sempre fez, não teria se deparado com um obstáculo. Quando o progresso no caminho da redução da ansiedade fica lento, ou mesmo para completamente, significa que você provavelmente progrediu mais do que imaginava, e é por isso que o contratempo o incomoda. Os contratempos fazem parte do processo de ajuste do cérebro. Continue persistindo, não desista e retome as estratégias sempre. Vai valer a pena.

Gratidão

Reconhecer aquilo pelo que somos gratos aumenta o bem-estar, o contentamento e a paz de espírito. O viés da negatividade, como vimos, está conectado ao nosso cérebro como um mecanismo de sobrevivência. Temos a tendência de insistir, reviver e tentar resolver mais os problemas negativos do que os positivos. Quando esse processo não é absorvido por alegria ou contentamento, ficamos mais ansiosos.

Podemos facilmente combater o viés da negatividade com apenas alguns minutos por dia. Adote a prática diária de identificar duas ou três coisas que você aprecia. Você pode escrevê-las em seu caderno ou apenas refletir sobre elas. O importante é chamar a atenção consciente e deliberada para o que está indo bem, ou quase bem, em sua vida ou para o que você sente de positivo dentro de si.

Construa seus novos hábitos

Depois do sucesso com uma estratégia, leve-a ao próximo nível. Pratique as estratégias em várias ocasiões e em uma variedade de ambientes.

Por exemplo, se você tem medo de comer fora, em público, não decida simplesmente ir ao mesmo restaurante com o mesmo amigo todas as vezes. Mas desafie-se a ir a outros restaurantes e com outras pessoas. É ótimo se sentir bem sabendo que não terá mais um ataque de pânico no cinema da região, mas considere expandir para outros cinemas em cidades próximas ou até mesmo ir a uma peça de teatro ou a um *show*. Ou, se estiver trabalhando com o pensamento obsessivo, não o faça apenas quando estiver em seu local de trabalho. Esforce-se para estar atento, para ser um observador, quando estiver sozinho em casa, ao dirigir, ou quando estiver interagindo com outras pessoas. Pratique as estratégias em diversas situações e com diferentes pessoas e, uma hora ou outra, começará a usá-las instintivamente.

Quanto mais agir da maneira que gostaria, fizer as coisas que costumava evitar e pensar de forma a alcançar a paz de espírito, mais rapidamente novos hábitos se formarão e, então, antes que perceba, eles se tornarão automáticos.

Exercício: Agarre logo sua ansiedade

Agarre logo sua ansiedade, antes que seja tarde, por assim dizer, e você a bloqueará antes que se torne intensa demais para recuar. Uma maneira de começar a detectar a ansiedade logo é fazendo uma autoanálise. Portanto, em vez de ir de tarefa em tarefa, de pessoa em pessoa, PARE intencionalmente. Reserve um tempo para se conscientizar de sua experiência contínua. Veja como:

- No final do dia, quando chegar em casa, PARE antes de entrar. Reflita por alguns instantes; analise-se.

- Ao final de um encontro, PARE. O que está acontecendo em seu corpo, sua mente? Que sensações você percebe?

- Quando terminar uma tarefa, PARE. Reflita sobre quais mudanças podem estar acontecendo mental ou fisicamente em você. Diga a si mesmo: "Quero ver você. O que está acontecendo aí?".

Ajustes e autoanálise

À medida que avança em seu caminho de cura da ansiedade, pode descobrir que haverá períodos em que não estará mais pensando deliberadamente sobre as estratégias. Talvez se sinta tão extasiado, que será capaz de gerenciar sem esforço as adversidades da vida.

Ainda assim, mesmo com o progresso, é fácil voltarmos às velhas formas de pensar e agir. Considere colocar notas em locais-chave (carro, espelho do quarto) ou lembretes em seu calendário digital sobre as estratégias que estão funcionando bem para você, para mantê-las em mente e usá-las mesmo quando sentir que não precisa delas. Além disso, defina um lembrete em seu calendário uma ou duas vezes por mês para revisar o material deste livro e o que você escreveu em seu caderno (mesmo se achar que não precisa!).

Estabeleça objetivos

Cada vez que atingir um objetivo, relembre as estratégias que o levaram até lá e se é possível expandi-las para atingir objetivos ainda maiores. Por exemplo, talvez você tenha implementado a ferramenta "tempo total de preocupação" (p. 53) e tenha funcionado. Agora que conhece sua eficácia, pense em estabelecer como meta aplicar essa estratégia diariamente. Ou se você reconhece que a estratégia "Observe seus pensamentos" (p. 117) funciona quando está sob estresse, considere usá-la todos os dias ao dirigir para o trabalho, com ou sem estresse.

Depois que seu nível geral de ansiedade diminuir, provavelmente descobrirá que encara seus objetivos agora de outras maneiras e encontrará modos mais profundos e significativos de impactar sua vida. À medida que seu bem-estar aumenta, a perspectiva mais ampla do caminho a seguir não trará mais medo, mas prazer e otimismo. Você tem muito pelo que esperar!

Exercício: Qual é o quadro geral?

Concentre-se novamente na perspectiva mais ampla, em que as estratégias gerais são importantes para você manter uma vida menos ansiosa. Essas são as estratégias que funcionaram bem para você ou estão vinculadas a algo de seu interesse, como uma vida social ativa. Aqui está uma lista de alguns pontos que meus clientes têm em mente. Faça sua própria lista.

- Fazer atividade física

- Praticar a atenção plena diária

- Procurar ter saúde física

- Viver melhor a vida

- Praticar a aceitação

- Desafiar os pensamentos

- Expor-se

- Abrir espaço para si mesmo, independentemente de seus pensamentos ansiosos

CAPÍTULO DOZE

Monte sua rede de apoio

A conexão humana alivia a ansiedade. Olhar nos olhos de outra pessoa e compartilhar momentos vulneráveis, aspirações e contratempos acalma nosso sistema nervoso. Se você está preso nas garras da ansiedade há algum tempo, pode não ter tido espaço mental para manter a família próxima ou laços de amizade. Reuniões presenciais com um terapeuta ou fazer terapia de grupo são maneiras de começar a angariar apoio pessoal. Ferramentas on-line de redução da ansiedade também podem ser úteis. Compartilhar seus objetivos, progresso e contratempos com outras pessoas oferece um suporte consistente que lhe dará incentivo e perspectiva conforme encontra seu caminho.

Encontre um terapeuta

Calma. é para você ler sozinho ou com um terapeuta, se tiver um. Você pode encontrar alívio por contra própria se for persistente e perseverar. No entanto, você pode fazer psicoterapia se quiser acelerar o processo de aprendizagem, aprofundar a autoconsciência, se tiver pouco apoio social ou se implementou as estratégias e não está sentindo muito alívio ou progresso.

De certa forma, a psicoterapia é um minilaboratório em que você pode testar suas novas habilidades com outro ser humano em tempo real. Ao contrário de sua vida "real", a vida terapêutica é segura e confidencial, e o terapeuta não tem conexão com seus relacionamentos externos ou com sua vida fora dali.

Em geral, trabalhar com um terapeuta pode ser extremamente eficaz para compreender e desenvolver uma rede de apoio fora da terapia. O passado, em particular o luto e o trauma não processados, tem um impacto significativo na persistência dos sintomas de ansiedade. Considere a psicoterapia semanal para ajudá-lo a superar traumas e perdas do passado que podem estar afetando sua capacidade de sentir alívio contínuo da ansiedade.

Como vimos, a ansiedade frequentemente mascara outras emoções negativas das quais você pode não ter consciência ou que ainda pode não ter processado. Conversar com um terapeuta pode ajudá-lo a descobrir essas emoções negativas e identificar o que as está causando. Muito tipicamente, a ansiedade desaparece quando você inicia a terapia e o processo de explorar suas emoções e seus problemas mais profundos. Você pode se deparar com outras emoções complicadas, mas a consciência delas acelerará significativamente o processo de recuperação.

Medicação

Em alguns casos, aliar medicação à psicoterapia é a melhor abordagem para reduzir a ansiedade. No entanto, essa opção deve ser considerada apenas depois de tentar as estratégias deste livro de maneira consistente e de se consultar com um especialista em saúde mental ou psicólogo clínico licenciado. Se você e seu terapeuta acreditam que a medicação pode ser útil, marque uma consulta com um psiquiatra. Os psiquiatras têm conhecimento específico sobre como as drogas afetam as emoções e o comportamento.

Se decidir tentar a medicação, tenha cuidado com os benzodiazepínicos e analgésicos (alprazolam, lorazepam e clonazepam). Os benzodiazepínicos e sedativos atuam diretamente na diminuição da ansiedade, o que proporciona alívio imediato, mas com o tempo é muito fácil ficar dependente deles. Além disso, se você usar medicamentos sedativos, ficará desmotivado para implementar as estratégias e seu cérebro será menos capaz de reter as novas formas de lidar com a ansiedade. Há ainda uma resposta rebote quando o efeito dos benzodiazepínicos e analgésicos passa. A ansiedade geralmente volta ainda mais forte, e você sentirá a necessidade imediata de mais medicamentos.

Os inibidores seletivos da recaptação da serotonina (ISRS) e os inibidores seletivos da recaptação da serotonina e noradrenalina (ISRSN) são geralmente mais eficazes para a redução da ansiedade no longo prazo. No entanto, é essencial fazer uma avaliação completa com psiquiatra para um diagnóstico preciso e a prescrição adequada da medicação.

Procure apoio

Ter acesso a apoio, seja com um psicólogo, um psiquiatra ou um grupo, é uma forma de aprimorar o seu processo de recuperação à medida que avança em direção a seu objetivo de reduzir a ansiedade. Normalmente, o clínico geral é um bom começo. Converse com seu médico sobre seus sintomas e veja se ele pode encaminhá-lo para um psicoterapeuta ou psicólogo clínico.

Os mecanismos de pesquisa *on-line* também podem ser bastante úteis para obter referências. Uma alternativa aqui no Brasil é o *site* da ABRATA: Associação Brasileira de Familiares, Amigos e Portadores de Transtornos Afetivos, que o colocará em contato com profissionais de saúde mental licenciados em sua região especializados no tratamento da ansiedade.

O site do Social Anxiety Institute também fornece uma lista de profissionais e serviços para o tratamento da ansiedade, bem como outros recursos para diminuir a ansiedade social. A American Psychological Association (Associação Americana de Psicologia), uma organização profissional para psicólogos, tem uma ferramenta *on-line* para encontrar um psicólogo perto de você, assim como a *Psychology Today*, em que você tem acesso a perfis de vários terapeutas para descobrir quem pode ser uma boa opção.

Ao procurar um terapeuta para ajudá-lo com os sintomas de ansiedade, prefira profissionais licenciados em saúde mental ou psicólogos clínicos licenciados especializados em terapia cognitivo-comportamental, atenção plena e/ou Terapia de Aceitação e Compromisso. Como vimos, essas abordagens são embasadas em pesquisas e se mostraram eficazes no tratamento de transtornos de ansiedade.

Suporte *on-line*

Trabalhar nas estratégias sozinho, sem ajuda externa, não será tão eficaz quanto se você compartilhar o que está fazendo com o mundo exterior. Conversar apenas com amigos ou com familiares em quem confia ou buscar suporte *on-line* não irão ajudá-lo muito. No entanto, encontrar uma maneira de se conectar com outras pessoas que também têm dificuldades com a ansiedade poderá ajudá-lo a se sentir mais acolhido e a manter o conhecimento fresco em sua mente.

A National Alliance on Mental Illness (Nami, Aliança Nacional de Doenças Mentais, em tradução livre) é uma das principais organizações de saúde mental dos Estados Unidos. A Nami apoia, defende e educa doentes mentais e suas famílias. O *site* da Nami oferece suporte para uma série de experiências de saúde mental, bem como sobre como é viver com o estigma da doença mental.

A Anxiety and Depression Association of America (Associação de Ansiedade e Depressão da América) tem um grupo *on-line* de apoio à ansiedade e depressão em que você pode se conectar com pessoas de todo o mundo que lidam com os mesmos problemas. Você pode ingressar nesse grupo anonimamente por meio do aplicativo *on-line* ou se inscrevendo. Um passo importante no processo de cura da ansiedade é inscrever-se no grupo e simplesmente analisar as conversas em andamento para que possa se sentir mais conectado a outras pessoas que lutam com sintomas semelhantes. Com o tempo, você pode se sentir cada vez mais à vontade para iniciar suas próprias discussões.

Centro de Valorização da Vida, o CVV, oferece suporte confidencial gratuito, 24 horas por dia, sete dias por semana para pessoas em crise e que precisam de intervenção imediata.

Grupos de apoio

A terapia de grupo é extremamente eficaz na redução dos sintomas de ansiedade. Na verdade, para algumas pessoas, a terapia de grupo tem mais impacto do que a individual. Ela funciona porque desafia nossa ideia de que estamos sozinhos em nosso sofrimento e, como resultado, não somos "bons" de alguma forma ou somos "inferiores" aos outros. Essa experiência reduz a vergonha e o isolamento e ajuda a aceitar a ansiedade enquanto você continua a viver a vida.

A comunicação e a conexão em um ambiente de terapia de grupo geralmente ajudam as pessoas a desenvolver a autoconsciência em torno do próprio papel nas relações sociais. Em grupo, uma pessoa pode representar um papel que usa para controlar sua ansiedade na vida real, isto é, excessivamente amigável, retraída, muito curiosa, falante, desdenhosa. Os membros do grupo em geral refletem sobre o que observam e fornecem *feedback* uns aos outros. Como a terapia de grupo não é a vida real e é confidencial, parece seguro aos participantes processar esse *feedback*. Como resultado, eles se tornam mais flexíveis ou até mesmo adotam outros papéis que eventualmente estenderão a seus relacionamentos na vida real.

Além disso, quando estamos ansiosos, a adrenalina pode assumir o controle. Pode ser difícil saber o que sentimos de fato, muito menos encontrar as palavras certas para expressar o que estamos sentindo. No entanto, a ansiedade geralmente diminui quando somos capazes de falar com outras pessoas. A terapia de grupo é um tipo de exposição em que você provavelmente se sentirá ansioso em alguns momentos. Ao mesmo tempo, é um lugar inofensivo para você se tornar mais hábil em descobrir o que está sentindo, quando estiver sentindo e ficar à vontade para se expressar.

Encontre um grupo

Se quiser tentar a terapia de grupo como uma abordagem de tratamento e se tiver um terapeuta individual, pergunte a ele se conhece um grupo que seria adequado para você.

Lembre-se de que existem dois tipos mais comuns de terapias de grupo. Os grupos operativos são liderados por um terapeuta, mas geralmente ele permite que os membros do grupo conduzam a discussão. Esses grupos abordam as experiências dos participantes sobre o que estão observando, sentindo ou o querem discutir.

Os grupos psicoeducacionais também são liderados por um terapeuta, mas ele assume o papel de instrutor. Os grupos psicoeducacionais são úteis quando você está procurando habilidades específicas em alguma área da vida. Nesse caso, um grupo psicoeducacional para o tratamento da ansiedade pode discutir habilidades e estratégias para enfrentar essa condição.

Inicie um grupo

Como vimos, a ansiedade é um problema bastante prevalente para muitas pessoas. Se está procurando um grupo de terapia para o tratamento da ansiedade em sua região, mas não consegue encontrar um, talvez outras pessoas estejam na mesma situação. Se decidir começar um grupo, pense com cuidado sobre como deseja estruturá-lo, quais membros pretende incluir (apenas pessoas com ansiedade; com ansiedade e outros problemas de humor; com problemas de relacionamento etc.) e quem será o líder. Avalie se você gostaria que fosse um grupo operativo ou mais voltado para a troca de informações. Também é importante pensar nas regras do grupo. Em geral, é melhor não ter membros de uma mesma família no grupo ou pessoas muito próximas, pois poderá reduzir o anonimato e o conforto que ele traz. A confidencialidade entre os membros do grupo é a chave para se sentir seguro e acessível, que é o que ajuda as pessoas a crescer.

Mantenha o curso

Como muitas coisas na vida, o sucesso na busca da redução da ansiedade e da paz interior exige paciência, adaptabilidade e perseverança. Claro, a ansiedade é desagradável e você gostaria que ela acabasse o mais rápido possível. No entanto, é preciso prática para formar novos hábitos e para os antigos serem quebrados. Lembre-se com compaixão de que não há nada de errado em sentir que sua recuperação não está acontecendo tão rápido quanto gostaria. Não é porque está demorando que significa que você não vai melhorar.

Permita-se ajustar as estratégias de acordo com seus sintomas de ansiedade. Uma estratégia pode funcionar por um tempo, mas é importante tentar novas, para que sempre se sinta desafiado e continue crescendo. À medida que seus sintomas melhoram, a ansiedade provavelmente muda e se apresenta de maneira diferente. Você precisará ajustar e trazer novas habilidades ao seu repertório. Se as estratégias não estão funcionando ou funcionam só até certo ponto, considere a psicoterapia individual ou a terapia de grupo. Algumas pessoas fazem as duas. Se a terapia sozinha não funcionar, considere combinar psicoterapia e medicação.

E o mais importante: não importa o que fizer, não desista! Permita-se sempre retomar o trabalho. Acredite no processo. Seu trabalho será recompensado com um futuro melhor.

Recursos de apoio no Brasil

On-line

ABRATA - https://www.abrata.org.br

ABRASME - https://www.abrasme.org.br

CVV - https://www.cvv.org.br

ABEPS - https://www.abeps.org.br

Headspace: App de meditação

Calm: App de meditação e sono

Leituras adicionais

ANTONY, M. M.; SWINSON, R. P. *When perfect isn't good enough*: strategies for coping with perfectionism. Oakland, CA: New Harbinger, 2009.

BOURNE, E .J. *The Anxiety and phobia workbook*. 6th ed. Oakland, CA: New Harbinger, 2015.

CARBONELL, D.A. *The Worry Trick:* How your brain tricks you into expecting the worst and what you can do about it. Oakland, CA: New Harbinger, 2016.

COLLARD, P. *Little book of mindfulness:* 10 minutes a day to less stress, more peace. Colorado: Gaia, 2014.

HANH, Thich Nhat. *O milagre da atenção plena*: uma introdução à prática da meditação. Rio de Janeiro: Vozes, 2018.

HAYES, S. C. *Get out of your mind and into your life*: the new acceptance and commitment therapy. Oakland, CA: New Harbinger, 2005.

KNAUS, W. J. *The cognitive behavioral workbook for anxiety*: a step--by-step program. 2nd ed. Oakland, CA: New Harbinger, 2014.

PITTMAN, C. M.; KARLE, E. M. *Rewire your anxious brain*: how to use the neuroscience of fear to end anxiety, panic, and worry. Oakland, CA: New Harbinger, 2015.

Referências

BALTAZAR, N. C.; SHUTTS, K.; KINZLER, K. D. Children show heightened memory for threatening social actions. *Journal of Experimental Child Psychology*, v. 112, n. 1, 2012, p. 102-10.

BOSWELL, J. F.; THOMPSON-HOLLANDS, J.; FARCHIONE, T. J.; BARLOW, D. H. *Intolerance of uncertainty*: a common factor in the treatment of emotional disorders. *Journal of Clinical Psychology*, v. 69, n. 6, 2014, p. 630-45.

CRASKE, M. G.; TREANOR, M.; CONWAY, C.; ZBOZINEK, T.; VERVLIET, B. Maximizing exposure therapy: an inhibitory learning approach. *Behaviour Research and Therapy*, v. 58, 2014, p. 10-23.

CULPEPPER, L. Generalized anxiety disorder and medical illness. *Journal of Clinical Psychiatry*, v. 70, 2009, p. 20-24.

JACKSON, M. C.; WU, C. Y.; LINDEN, D. E.; RAYMOND, J. E. Enhanced visual short-term memory for angry faces. *Journal of Experimental Psychology: Human Perception and Performance*, v. 35, n. 2, 2009, p. 363-74.

JAKUBOVSKI, E.; BLOCH, M. H. Anxiety disorder-specific predictors of treatment outcome in the Coordinated Anxiety Learning and Management (CALM) Trial. *Psychiatry Quarterly*, v. 87, n. 3, 2016, p. 445-64.

KATON, W. J.; RICHARDSON, L.; LOZANO, P.; MCCAULEY,

E. The relationship of asthma and anxiety disorders. *Psychosomatic Medicine*, v. 66, n. 3, 2004, p. 349-55.

MCCALLIE, M. S.; BLUM, C. M.; HOOD, C. J. Progressive muscle relaxation. *Journal of Human Behavior in the Social Environment*, v. 13, n. 3, 2006, p. 51-66.

MISSIG, G.; MEI, L.; VIZZARD, M. A. et al. Parabrachial PACAP Activation of Amygdala Endosomal ERK signaling regulates the emotional component of pain. *Biological Psychiatry*, v. 81, n. 8, 2017, p. 671-82.

ROEST, A. M.; MARTENS, E. J.; DE JONGE, P.; DENOLLET, J. Anxiety and risk of incident coronary heart disease: a meta-analysis. *Journal of American College of Cardiology*, v. 56, n. 1, 29 jun. 2010, p. 38-46.

WEGNER, D. M.; SCHNEIDER, D. J.; CARTER, S. R.; WHITE, T. L. Paradoxical effects of thought suppression. *Journal of Personality and Social Psychology*, v. 53, n. 1, 1987, p. 5-13.

WILLGOSS, T. G.; YOHANNES, A. M. Anxiety disorders in patients with COPD: a systematic review. *Respiratory Care*, v. 58, n. 5, 2013, p. 858-66.

Índice remissivo

A

ABRATA, 230, 237

Aceitação
  da ansiedade, 108-109, 113-114, 124-116
  de emoções difíceis, 32-33, 36-38, 48-49, 123-124
  em vez de ruminação, 183
  luta com, 120-122, 126

Adrenalina, 1

Água, 55

Álcool, 56

American Psychological Association, 230

Amor, 20-21

Análise corporal, 42-43

Análises de custo-benefício, 184-185

Análises PARE, 222-223

Ansiedade
  natureza adaptativa da, 3, 10
  crenças necessárias para gerenciar a, 217-219
  benefícios da, 107-108
  como uma emoção, 20-21
  versus medo, 4
  natureza desadaptativa da, 3, 10
  e condições médicas, 44-51, 61
  sintomas físicos da, 15, 41-42
  respostas fisiológicas da, 1-2, 10

Anxiety and Depression Association of America, 5, 230, 231

Apoio
  amigos e família, 68-69
  grupos, 232-234
  medicamentos, 229
  on-line, 231
  terapia, 228

Assertividade, 100-101

Atenção plena, 49, 117-119

Atividades físicas, 57-58

Autocompaixão, 23, 175, 197

Autossabotagem, 68-69

Avaliação do potencial de crescimento, 8-9

B

Benzodiazepínicos, 229

Brainstorming, 180-181

C

Cafeína, 55

Catastrofizando, 149

"Cérebro do andar de cima", 83, 93, 95

Cérebro reptiliano, 83

Comportamentos. *Veja também* Hábitos

mudando, 6-7, 13-14, 78

alvo, 91-93

Condições médicas, 44-50, 61

Consciência corporal, 59-60

Controle, 115-117, 182-183

Crenças centrais, 150-155

Cortisol, 49, 54

Comportamentos-alvo, 89-91

Conexão mente-corpo, 51-61

Contação de histórias, 112

Culpa, 20-21

CVV, 231, 237

D

Definição de metas, 68-69, 72, 90, 111, 126, 134-135, 204-206, 224-225

Desamor, 150-154

Desamparo, 151-153, 155, 182-183

Devo ou não devo, 150

Dúvida, 134

E

Emoções. *Veja* Sentimentos e emoções

Endorfinas, 54

Epinefrina, 1

"Erros de pensamento", 149-150

negativos, identificando, 156-157

narrativas internas, 175-179, 200-201

exercício de atenção plena, 117-118

observando, 185-193

obsessivos, 48-49

generalizantes, 163-170

ruminação de, 178, 183, 189, 193-194, 197, 203

separando-se de, 185-187

Estresse, 44-47

Evitação. *Veja também* Padrões de fuga

medo e, 77-78

custos ocultos da, 77-78, 104, 106

identificando padrões de, 84-88

pensamento obsessivo, 48-49

reforçando, 84-85

de emoções indesejadas, 17-18, 32-33

Exposição, 94-96, 118-119, 123

F

Flexibilidade, 138

G

Gatilhos, 159-161

Generalizando, 164, 168-170, 173

Gratidão, 221

H

Hábitos
  construindo novos, 64-65, 70-72,
    130-131, 136-139, 200-201,
    207-212, 222
  mudando, 6-7
  aprendendo, 18
  rastreando, 65-67, 131-133,
    201-203
Hebb, Donald, 64
Hormônios, 1, 44

I

Incerteza, 98-103
Inibidores seletivos da recaptação
  de noradrenalina (ISRSN), 229
Inibidores seletivos da recaptação
  de serotonina (ISRS), 229
Intervenção suicida, 231

M

Medicamentos, 229
Medo
  versus ansiedade, 4
  e evitação, 77-78
  exposição a, 94–95, 118-119
  e incerteza, 98-104
Metáfora da algema de dedos
  chinesa, 32-33
Modo de sobrevivência, 195-196

N

National Alliance on Mental Illness
  (Nami), 231
Neuroplasticidade, 6-7, 10
Nicotina, 56, 130
Nutrição, 50, 55-56

P

Padrões de fuga, 77-78, 91-92,
  96-97. *Veja também* Evitação
Pensamento tudo ou nada, 149-150
Pensamentos. *Veja também* Crenças
  fundamentais; Preocupação
  ansiosa, 141-142, 145-146, 170
  mudando, 13-14
"Pensando sobre" *versus*
  "experimentando", 147
  subestimando, 166, 169-170
Perdão, 174-175
Prazer, 20-21
Previsões, 192-197
Preocupação, 53, 98-99, 145-146,
  158-162
Preocupação improdutiva, 163
Preocupação produtiva, 162
Psicoterapia, 138, 228-230

R

Raiva, 20-21, 25-26, 29
Relaxamento, 53-54

Relaxamento muscular progressivo (PMR), 43-44, 53

Resolução de problemas, 178-181, 185

Resposta de luta ou fuga, 1-2, 45, 83, 92-93, 104, 116

Resultados prováveis *versus* possíveis, 161-162

Retrocessos, 74, 139, 211-212, 220

Rotulagem, 150

Ruminação, 178, 179, 183, 197. *Veja também* Preocupação

S

Sentimentos e emoções
  aceitando a dificuldade de, 32-33, 36-38, 123-124
  e o corpo, 42-43
  mudando, 13-15
  experiências de infância com, 34-36
  expressando, 22-23
  identificando, 19-21
  julgando, 28-29, 30-31
  observando, 187-188
  negativos, suprimindo, 24-26

Sistema adrenal, 44

Sistema digestivo, 45

Sistema respiratório, 45

Social Anxiety Institute, 230

"Solução de 10 minutos", 54-55

Sono, 51-53, 57-58

Sistema nervoso simpático, 1

Situações sociais, 100-101, 113

Subestimando, 163-165, 169-170

Sucessos, comemoração, 73-74, 215

T

Técnica da seta descendente, 150-154

Terapia Cognitivo-Comportamental (TCC), ix

Terapia de grupo, 232-234

Terapia de grupo operativa, 233

Tristeza, 20-21, 26-27, 30

Terapia de grupo psicoeducacional, 233

Terapia, 228-230
  de grupo, 232-234

Terapia de Aceitação e Compromisso (ACT), 5-32

Tireoide, 50

V

Valores, 109-111, 126

Vergonha, 20-21

Viés da negatividade, 192-196, 219

Visualização, 114-115, 130, 169, 183

Vitamina D, 50, 56

Voz interior, 173-178, 200-201

W

Wegner, Daniel, 176

.

SUA OPINIÃO É MUITO IMPORTANTE

Mande um e-mail para **opiniao@vreditoras.com.br**
com o título deste livro no campo "Assunto".

1ª edição, fev. 2021

FONTES Iowan Old Style Roman 10/14pt;
              Archer Semibold 20/21pt
PAPEL Offset 90g/m²
IMPRESSÃO BMF
LOTE BMF142247